相約五股

六房媽 過爐

雲林縣登錄民俗及有關文物

See You at the Guolu Celebration
of Liu Fang Ma in Yunlin

徐雨村 唐淑芳
林啓元 黃漢偉　合著

中華民國六房媽會

■ 國家圖書館出版品預行編目（CIP）資料

相約五股：六房媽過爐 / 徐雨村等著. -- 初版. -- 雲
林縣斗南鎮：六房媽會, 2015.12
　　面；　公分
　ISBN 978-986-92533-0-7（精裝）

1.民間信仰　2.民俗活動　3.雲林縣

272.79　　　　　　　　　　　　　104025685

相約五股：六房媽過爐

初版一刷・2015年12月

作者	徐雨村、唐淑芳、林啓元、黃漢偉
發行委員	魏景宏、謝永輝、吳錦宗、周森寶、高永哲、張文益
	謝永昌、林正清、黃博舉、周勝騰、高忠傑、徐萬成
	林庚申、陳進和、廖信嘉、楊鼎雄、鄭茂財、謝永豐
	謝俊煌、石義雄、石漢通、張帛絃、張福參、沈哲堂
	徐文龍、吳政鴻、沈榮華、陳桂林、曾文雄、黃淳湧
	周世龍、林森寶、張長和、陳永福、鄭武山、江岳擇
	陳興洲、林志純、林慧中、李坤西、劉進華、沈文海
	黃坤檳、張桂城、簡裕展、周榮發、林建熏、陳淑雀
出版者	中華民國六房媽會
	地址：630雲林縣斗南鎮明昌里中興路97號
	電話：05-5972007
承印／經銷	麗文文化事業股份有限公司
	地址：802高雄市苓雅區五福一路57號2樓之2
	電話：07-2265267
	傳眞：07-2233073
	電子信箱：liwen@liwen.com.tw
	行政院新聞局出版事業登記證局版台業字第5692號

ISBN 978-986-92533-0-7（精裝）
定價：480元

補助單位：  文化部
MINISTRY OF CULTURE

文化部文化資產局

指導單位： 雲林縣政府

中華民國六房
媽會-FB官網

相關網站入口

目　錄

See You at the Guolu Celebration (Annual Rotation)
of Liu Fang Ma in Yunlin

● 林美容　教授序

　　雲林六房媽的信仰活動堪稱臺灣有神無廟的祭祀活動中規模最大者，一般而言，有神就要蓋廟，廟宇是神明的居所，虔誠的信眾一定會想辦法給神明蓋廟，但是臺灣迄今仍有一些庄社自古以來就奉祀的神明，尚未建立庄廟供奉庄神。也有一些聯庄祭祀的神明，由於一些因素，也迄未建立聯庄廟，我所研究過的新社九庄媽，由於九庄媽的慈悲，希望年年近佑不同的爐主，媽祖堅持不蓋廟，九庄的信眾也就年年維持有神無廟的祭祀方式。像六房媽這樣規模橫跨數鄉鎮的信仰組織，從清代以來就維持著有神無廟的祭祀方式，可謂絕無僅有。

　　雖說無廟，然而六房媽每年過爐時，所搭設的「紅壇」，越來越壯觀，越來越花團錦簇。我有幸幾次拜謁六房媽，細細思考這臨時性的神壇，搭建在遼闊的田間空地上，它到底意味著什麼？我還沒能給出什麼適切的答案的時候，就眼見著紅壇文化大剌剌的在臺灣各地張揚起來。過去「紅壇」的設置，似乎是六房媽獨有，現在我們也會看到花蓮勝安宮系統的王母全臺遶境的時候會在各地搭建紅壇，也會看到一些小廟要辦大型活動的時候，會搭建紅壇，請出神尊，像蘆洲的受玄宮也是最近在成蘆橋下搭設紅壇，還到松柏坑受天宮祖廟迎請玄天上帝前來。紅壇是神明的臨時行宮，闊面的、一覽無遺的紅壇，似乎

意味著神明更廣闊的開放性。

六房媽紅壇的旁邊，會有煮食的地方，許多來作義工的婦女，一直忙著作點心料理，供應川流不息香客與信徒免費食用，六房媽就好像有錢的大戶人家在辦喜事，來者是客，肚子餓了隨時有好吃的點心，供大家食用。雲林的鄉下，並不是經濟富裕的地方，但是神明的熱鬧，大家義不容辭，相肩相挺，也就吸引很多遠近的香客。

這樣一個素樸的卻也是大型的祭祀活動，徐雨村博士早在他大學的時代，就對它產生興趣，緊緊跟隨六房媽的腳步，長期觀察研究。「雲林六房媽過爐」目前是雲林縣登錄民俗及有關文物，基礎性的調查研究勢在必行，所幸徐雨村博士早已累積相當的研究基礎，對於這樣的調查研究工作也就駕輕就熟。本書可說是徐雨村及相關作者的團隊合作，對於六房媽總體性的研究成果，不僅對六房媽的信仰由來、跨鄉鎮祭祀組織與儀式活動的情況有所敘述，對於五股內各庄社的庄廟也有詳細的調查資料，對於六房媽與各庄社之間的關係，也就能有更深刻的認識。

六房媽的過爐活動並非雲林縣最大的區域性祭典組織，規模最大的應該是馬鳴山五年王爺的香境，但是六房媽卻有它的特色，其一就是前述的有神無廟的紅壇祭祀方式。其二是原來林姓宗族共祀的神明，逐漸「打落公」，成為其他非林姓的信眾也能參與祭祀，這種原本是某家某姓祭祀的神明「祖佛仔」逐漸成為大家的「公佛仔」，在庄社的層級可以看到很多的案例，但是在跨鄉鎮的層級可謂絕無僅有。其三是六房媽曾以扶鸞的方式自述她生前是林氏女，十九歲未婚

而亡，因為顯靈，她的兄弟和五個堂兄弟為她雕塑神像，並帶來臺灣。有關六房媽的信仰緣起有一些不同的說法，也有可能林姓家族在原鄉就奉祀的媽祖（宋代的林默娘），也有可能是五股內林姓家族的姑娘林美雲，林姓族人呼為「姑婆祖」的媽祖。其實無論何者，都是未婚而亡的女性，死後有一些靈感事蹟的傳播，而贏得媽祖的稱號。這種媽祖未必是林默娘的案例，在臺灣還著實有幾個，而六房媽大概是其中名氣比較大的。

　　看到徐雨村博士等人所合著的這本大作，既然是和媽祖信仰有關，啟發了我一些感想，遂嘮叨如上，僅供參序。

林美容

中央研究院

民族學研究所

隱形的宗教組織，力量更大

● 張珣 教授序

19 世紀西方人認為華人是一盤散沙，難以組織或是團結。西方學者更是認為華人沒有宗教信仰，因為華人既沒有入教儀式以區分信徒／非信徒，更看不到宗教組織。現在學界雖然承認華人有民間信仰，卻很難給予一個確切定義。著名學者楊慶堃因而提出華人的「擴散宗教」以相對應於西方的「制度宗教」。

筆者 1978 年首次參加大甲媽祖前往北港進香，途中不斷湧現的疑問是，如果沒有組織，這麼一個龐大的進香隊伍是怎麼完成任務的呢？逐個拆解之後，筆者發現上自廟方下至信徒有各式各樣的任務型進香組織，只是都不形諸文字，也都不向地方政府登記備案。進香時節一到，信徒立刻自動自發地動員。進香活動結束，組織又化整為零，如同水銀落地，消失無蹤。對比西方的教會常備型組織，華人這種任務型組織，平日看不到組織運作，到廟裡也看不到，會員散落四方，筆者曾經撰文稱之為「隱形組織」以相對於西方宗教的「有形組織」。

本書作者之一，徐雨村博士，從臺大人類系學士論文時期就探討雲林六房媽祖過爐儀式活動與組織，讀了他的學士論文，讓筆者見識

到更為隱形的信仰組織。這麼多年過去，雨村與幾位同好鑽研不懈，對於六房媽過爐儀式活動做了全面調查而有本書之出版。閱讀此書，讓人感動的是經過數百年歷史，遍及雲林五個鄉鎮市，三十四個庄頭，會員組織有五股，底下再分小爐／庄頭，或是股心／股腳。儀式必須經過小爐會、大爐會的籌備。這麼綿密的組織，這麼年久的堅持，有條不紊地輪辦每一年的媽祖過爐，默默地傳承信仰的火炬。有如山野裡的花開，兀自美麗，無須有形的登記或讚揚。

　　然而，有了本書的紀錄，讓我們得以管窺華人歷史上無數的隱形組織所可能集結組成的方式。隱形組織靠的是集體記憶，靠的是集體認同，完成的是先祖輩輩代代的信仰。隱形組織需要比有形組織更強的信念，因而也展現出更大的信仰力量。

中央研究院
民族學研究所

● 林 茂賢 教授序

　　媽祖信仰是臺灣重要的民間信仰，媽祖伴隨先民唐山過臺灣，在護佑先民安渡險惡的黑水溝之後落腳臺灣，接受信眾的香火。然而，一個媽祖，多重樣貌，經過四百多年的發展，媽祖不但早由海神轉變成母親之神，臺灣各地也因其不同的歷史情境、地理環境、族群組織、人際互動……發展出各具特色的媽祖文化。走過數百年，至今仍無固定供奉廟堂，而是以輪值方式遊走五股之間的「雲林六房媽」便是其中著名案例。

　　根據口傳及文獻資料，清初自大陸移居臺灣雲林的林姓六兄弟從原鄉迎請「家族神」——「六房媽」來臺供奉，後因六位兄弟分別遷移至不同地區定居，為讓各房都能繼續共享六房媽的庇佑，遂發展出六房媽輪流駐駕於各房的模式，「六房」媽之名也因此傳開。其後因靈驗事蹟不斷，鄰近的外姓居民成為六房媽的虔誠信眾，打破唯林姓宗親始能擔任輪值爐主的規範，轉變成只要是居住於輪值的五股三十四庄頭地區——斗六市、斗南鎮、虎尾鎮、土庫鎮、大埤鄉的信眾，皆有機會晉身為爐主的制度。影響所及，讓六房媽由林姓的「家族守護神」躍升成為五股三十四庄頭的「地域性保護神」。

三十四庄的信徒，信眾至今沒有為六房媽建造固定宮廟，而是以一年輪值一個股，五年一循環的方式來奉祀六房媽，由擲筊選出的值年股爐主負責籌措資金、搭建紅壇……等與祭祀相關的事宜，而股內各庄頭則擔任招待其它四股的任務。透過神，串連了人際關係，建立信仰的網絡，為林姓宗親間、也為五股區域內的鄉親搭起互動的橋樑，強化了彼此的認同及向心力，是民間社會豐沛動員與組織力的展現。

2013 年，六房媽過爐儀式被雲林縣政府登錄為民俗及有關文物。象徵六房媽信仰不只受到信眾認同，也得到官方的肯定。其中獨特的神性——是家族神，也是地方守護神及萬能之神；因輪流供奉而形塑出的區域、族群的向心力。

媽祖信仰早已成為臺灣人民不可或缺的心靈依靠，六房媽信仰反映臺灣媽祖信仰的多元性，她承載臺灣先民飄洋過海的不安與無助，也見證先民拓墾的歷史。

林長寬

國立臺中教育大學
臺灣語文學系

● 吳錦宗　理事長序

　　在民風純樸的農業縣雲林，六房天上聖母，自古以來便默默的守護著這片土地，守護著祂的子民，迄今已達三百六十一年的歷史。如此維繫亙古不變的傳統，憑藉著是五股信徒堅定的信念：凡事六房媽－姑婆必定看顧。在輪值巡視於五股子民期間，仍保持著有脈絡可循，有條不紊地持續前進的動力。

　　六房媽信仰，已從古昔生活傳承，逐漸發展具有地方特色，並帶有特殊生活文化價值，這有賴於六房媽信徒能在保留傳統古禮的基石上，不斷隨時間演繹的記憶與地方耆老口耳相傳所串成的慣例。透過意見交流和整合，採取繼往開來、與時俱進的節奏，終能不為時代巨輪所淘汰，而能獨樹一格，是故 2013 年雲林縣政府將「雲林六房媽過爐」登錄為民俗及有關文物，身為五股子民，六房媽的信徒亦感與有榮焉。

　　時至今日，經由多位作者長年累月、收集資料、精心考據、無私奉獻，在眾人引頸期盼之下，官方版的《相約五股：六房媽過爐》終於付梓成書，即將初登場。本書除對六房天上聖母相關信仰及事蹟可一覽無遺外，更對祭祀組織的沿革、過爐遶境活動流程及其文化內涵

有極其精闢的闡述。讀者更可在閱讀過程中發現，以前只知其然不知所以然的細節問題，在本書亦可以得到滿意的答案。作為一個六房媽信徒或是有意一窺六房媽究竟的社會人士，本書實為踏進六房媽世界的入門書。

中華民國六房媽會理事長　吳錦宗　謹識

● 周 森寶 監事主席序

　　個人自幼就參與六房媽過爐，近年擔任虎尾鎮惠來里長，而有機會積極參與中華民國六房媽會的各項工作。我對於現有崗位有著深切期許，希望更加宣揚六房媽的慈悲，達成教化人心、團結地方的目標，讓地方更能融洽融合。中華民國六房媽會整合了五股各庄頭的力量，希望六房媽神威擴及全臺灣。現在我們在北部跟中部有許多信眾，希望將來能讓六房媽的慈悲繼續拓展到南部、東部、離島等地。

　　六房媽過爐的一大特色就是志工參與，有超過2,100人的志工。在紅壇煮食的人員是志工，我們六房媽會的理監事也是志工，完全都是誠心奉獻。本於六房媽過爐是由五股共同協助而成，將來我們會致力於志工團體的組織化，希望建立制度，有效協助爐主，讓每一次過爐都能順利舉辦。

　　個人十分高興看到本書的出版，未來將能讓社會各界人士更加認識六房媽，讓各地方信眾對六房媽有進一步的瞭解。在此我要特別感謝各位作者的努力奉獻，並誠懇祝福各位善信家庭和樂、幸福美滿。

中華民國六房媽會監事主席　周森寶

● 高永哲 秘書長序

　　本書作者徐雨村教授從大學時期研究六房媽史籍，對六房媽的文獻有獨特的探討，六房媽因信徒眾多，坊間對六房的傳說也眾說紛紜，「中華民國六房媽會」為正本清源，讓信徒對六房媽及過爐活動有更進一步的瞭解，特委由雲林縣政府文化處向文化部文化資產局申請補助出版本書，徐雨村教授也加入了對六房媽史籍及過爐活動有相當研究的黃漢偉、唐淑芳及林啓元三人協助共同完成《相約五股：六房媽過爐》時代巨著。

　　這本《相約五股：六房媽過爐》的新書出版，永哲受邀寫序應是因數十年來參與六房媽過爐活動之經驗，從專業的角度看，本書的風格有以下之特色：

一、以五股宗教信仰為基礎：五股各小爐之廟宇所供奉之神明各有不同，以五股信仰為基礎，凝聚共同對「六房媽」最高崇拜，本書對五股各小爐廟宇之沿革都有詳加論述。

二、以史料考證對照坊間傳說：透過田野調查訪問坊間耆老及歷任爐主細述民間傳說，再以史料記載相互比對考證六房由來，花費時間相當冗長，研究方法相當細膩，參閱者容易瞭解。

三、以客觀的角度印證事實真象：雨村教授及其他三位參與者不堅持個人主觀意見，以客觀的角度呈現出應有的事實，引導參閱者瞭解真象。

　　永哲閱讀此書後深感獲益良多，特此推薦給對六房媽有虔誠信仰及對過爐活動有興趣的朋友。

中華民國六房媽會秘書長　高永哲

推動與保存

● **林庚申** 執行長序

　　六房天上聖母（六房媽）宗教民俗與文化研究與推廣，自擔任中華民國六房媽會理事、常務監事與中華民國六房媽會文史委員會執行長之職，理當為其無形文化資產保存議題之先鋒；六房天上聖母過爐為雲林縣無形文化資產的瑰寶，推動與保存「六房天上聖母過爐」，讓大眾深入瞭解宗教信仰文化之美責無旁貸；本書出版深深感謝參與的專家、學者辛苦撰寫編輯，期待能讓信眾感受聖母的慈恩均霑，過爐文化永續傳承。

　　六房天上聖母的信仰圈分布在雲林縣五個鄉鎮市轄境內的三十四個聚落，區分成五個大小不等的區域——俗稱「五股」。所謂「過爐」，就是每年擇日拜請六房天上聖母移駕到下一股接受供奉祭祀的過程，同時也是爐主任務的移交，先以固定的各股輪值順序，再按照各個聚落彼此的協調，安排股內的輪值順序（先股後聚落），在每年農曆四月過爐輪流供奉六房天上聖母而成的循環。

　　六房天上聖母祭祀圈範圍隨著向外遷移民眾的增加而擴大，各地為奉祀六房天上聖母組立的團體或廟宇增加，因此六房天上聖母信仰範疇擴及全國。近年來，文化資產的保存與再利用發展是臺灣社會環

境的必然變遷趨勢，尤其無形文化資產更是如此，因此六房天上聖母過爐慶典結合宗教文化活動，宗教信仰與文化產業、藝文展演等，展現信仰之科儀，這裡擇要介紹，以見其貌。

概括以上所言，可見六房天上聖母在信眾心中的重要作用，因祂可以祈福驅災，拔亡度靈，深切地顯示對社會與民眾的誠摯關懷，這種永恆的關愛從人生的初始一直延續到終極擴展，代表信仰慈悲救世的大乘理念，因而千古盛世，至今仍被運以濟世。

宗教信仰的產生，源自於自然界存在著許多無法理解的現象，讓人們對自然產生敬畏，並尋求從宗教的觀點去理解，來找出趨吉避凶的法則。藉由宗教的信仰，撫慰了人們的心靈，使心中得到安全感，得到平靜。

中華民國六房媽會　文史委員會執行長　林庚申

●作者序

　　六房媽過爐是臺灣重要的在地民俗節慶，其特色在於六房媽主神並非安奉在固定廟宇，而是在爐主所興築的「紅壇」。「過爐」即爲每年更換紅壇地點的儀式。由五個輪值股（五股）以一年爲序輪值。六房媽信仰圈[1]的「五股」位於雲林縣的斗六市、虎尾鎮、土庫鎮、斗南鎮、大埤鄉境內，依輪值順序分別爲斗南股、土庫股、五間厝股、大北勢股及過溪股，共有三十四個庄頭具有輪值六房媽爐主的資格。但各股庄頭數量不一，各有其輪值規則及權利義務分派方式。有的村庄平均每八年可輪值一次，有的村庄每逢八十年才得以輪值一次。

---

[1] 臺灣的民間宗教信仰研究對於地緣宗教組織的分類，可分爲祭祀圈及信仰圈。即使各作者對兩者的定義有所分歧，大抵上祭祀圈側重各庄頭或角頭層次，由居民以神明祭祀活動所組成的具義務性質的社群；信仰圈則具有更大區域性、信眾自由參加的性質，偏重於信仰組織本身。祭祀圈原由日本人岡田謙1937年依據對士林地區的研究而提出，續由施振民與許嘉明於1970年代的濁大計畫彰化平原研究採用，林美容於1980年代再次提倡使用，成爲認識臺灣本土地緣宗教組織型態的重要概念，林美容繼續以彰化南瑤宮媽祖爲主題，發展信仰圈的概念。關於祭祀圈與信仰圈概念的評述，請參閱張珣，2001，〈百年來臺灣漢人宗教研究的人類學回顧〉，張珣、江燦騰合編，《當代臺灣本土宗教研究導論》，頁201-300，台北：南天書局。林美容，1980，〈彰化媽祖的信仰圈〉，《中央研究院民族學研究所集刊》68: 41-104。有鑑於六房媽信仰的範圍廣袤，係由五股各庄頭祭祀圈爲基礎所構成的聯庄宗教組織，因此本書行文皆以信仰圈稱之。

每年一度的過爐儀式由五股的陣頭及隨香客、旅居外地的五股子弟、股外的進香團體共同參與，有數以萬計信眾共襄盛舉，堪稱雲林縣規模數一數二的宗教儀式之一。昔日在農業社會，過爐日期定在每年農曆四月初十至十六之間杯選其中一日。近年由於信眾從事各行各業，多採周休二日，為此中華民國六房媽會多次請示六房媽，改訂於這七天之中的星期六、星期日杯選其中一日舉行。

由於六房媽年年搬新家，爐主一年換一位，因此文獻資料的累積至為困難，昔日欠缺有系統的知識累積。所幸自81年開始，本書作者群及研究者陸續加入探討六房媽祭祀組織及過爐儀式的行列，撰寫並發表研究論文，增進我們對這項民俗的認識（歷年的六房媽研究文獻請參閱附錄一）。

近年來我國重視無形文化資產的維護與發揚，六房媽祭祀活動的管理組織「中華民國六房媽會」有感於六房媽過爐實為臺灣重要的在地民俗，向雲林縣政府文化處提報申請，於102年1月18日獲公告「雲林六房媽過爐」登錄為民俗及有關文物，由中華民國六房媽會擔任保存團體。審議委員會所提登錄理由包括：（1）因宗族來臺墾殖而衍生民俗信仰。（2）流傳已久、僅出現於雲林地區，具強烈地方信仰特色。（3）無固定廟宇，採取爐主形式，具特殊性。（4）定期舉辦，制度嚴明，其科儀形式具有獨特性。

為進一步建立六房媽文化資產的文獻基礎，103年雲林縣政府文化處辦理「雲林縣民俗及有關文物『雲林六房媽過爐』調查研究計畫」，由國立高雄師範大學承攬，筆者時任該校客家文化研究所約聘助理教授，擔任計畫主持人，羅偉嘉為專任助理。該計畫本於國家推

動無形文化資產紮根的精神，建基於以往研究成果，繼續深入探討六房媽過爐的源流與歷史、過爐儀式、五股各庄頭公神陣頭、相關文化資產保存及推廣計畫等項，並舉辦講座會、耆老訪談等。該計畫業於104年8月結案並提交成果報告書。

中華民國六房媽會於104年獲文化部文化資產局補助書籍出版，由秘書林啓元統籌辦理。並邀集長年關注六房媽的學者，包括唐淑芳、黃漢偉、林啓元及筆者等人，商議成書架構。經討論決定採用前述成果報告書為基礎，輔以各作者的研究成果，並委由麗文文化事業負責編輯製作。

全書共分六章、結語及附錄，在此分述各章主撰者及分工：第一章〈雲林人文地貌〉由唐淑芳執筆。第二章〈六房媽信仰概述〉、第三章〈神尊與爐主〉、第四章〈過爐儀式與固定日〉等三章由筆者主撰，林啓元、黃漢偉補充部分內容。第五章〈傳說故事與信仰變遷〉由黃漢偉、林啓元共同撰寫。第六章〈各股公廟、公壇與子弟陣頭〉由筆者及羅偉嘉合撰，羅偉嘉謙辭未列名共同作者。結語由黃漢偉執筆，彙整本書論點並提出未來發展方向。附錄收錄六房媽相關研究文獻索引、光復後六房媽爐主名單、六房媽會文史委員會林庚申執行長所撰〈六房天上聖母頌〉、顏守韓所撰〈以GPS搜集六房媽過爐遶境路線的實益與應用〉等文。

本書第二至四章、第六章內容引自調查研究案成果報告書，已徵得雲林縣政府文化處同意轉載，並依行文脈絡增刪改寫。內容來自各作者論文或各界論述者，已分別標明出處。照片分由各作者、中華民國六房媽會及六房媽影像工作隊提供。遶境路線圖由中央研究院人文

社會研究中心 GIS 中心提供資源、顏守韓製作並授權使用。

筆者謹此代表全體作者感謝各界人士的協助。首先感謝無數雲林鄉親二十餘年來的盛情幫忙，無論是茶水、素粽、輕便雨衣、一小段摩托車的順載、暫住一宿、撥空受訪、論辯溝通等等，都成為我們持續探索六房媽民俗知識的強大動力。再者，感謝文化部文化資產局、雲林縣政府文化處、中華民國六房媽會、國立高雄師範大學所提供的各項行政及經費支援。在成書過程中，麗文文化事業編輯邱仕弘負責各項編輯印刷流程，林啓元溝通協調相關公務，黃漢偉聯繫作者校稿彙整，唐淑芳在百忙當中撰稿襄助，居功厥偉。為求文字精確流暢起見，筆者邀請清華大學人類學研究所兼任助理教授滿田彌生女士校訂本書日文翻譯，臺灣大學文學院翻譯學程助理教授石岱崙先生協助英文提要校訂，蔡能寶女士順讀書稿，謹此一併申謝。

本書承蒙林美容教授、張珣教授、林茂賢教授撰文推薦，中華民國六房媽會吳錦宗理事長、周森寶監事主席、高永哲秘書長、文史委員會林庚申執行長撥冗為序，各位發行委員悉心校閱，全體作者深感榮幸。

最後，筆者希望藉由本書的出版，讓大眾更深入認識六房媽過爐及其文化資產價值，並期盼各界人士多多參與六房媽的相關慶典，並繼續探討六房媽信仰豐富多樣的內涵。

徐雨村 謹識

第 1 章

雲林人文地貌

第一節　地貌地景的改變[1]

　　自古以來，雲林就是臺灣重要的農業大縣，務農人口至今仍占大宗，這和先民開發的時間較早、灌溉水利豐沛有極大的關係。六房媽的信仰正是在這片農產豐碩的土地上開展延續，信徒隨著六房媽的腳步一庄走過一庄，隨著五年一個循環的軌跡行進。

　　但在尚未開發的數百年前，移民剛踏上的生活環境卻迥異於今日。除了賴以為生的土地遭遇了不可預測的天災地變，移民還需面對不同統治者的政策，以及原本居住此地的原住民及不同族群移民間對於土地、水源之間的衝突，生命財產屢屢受到威脅。從被忽視的政治邊陲，到今日富庶的農業首都，雲林展現了堅韌的生命力。

一、古往今來說「雲林」

　　清光緒 13 年（1887）臺灣正式建省，雲林設縣始於此時，在此改制之前雲林的行政區劃，有一部分歸屬彰化縣、有一部分被劃歸嘉義縣。文獻記載宋代時北港（當時稱之為毗舍耶）一帶已與大陸有聯繫。[2]明末清初，漢人抵臺開發，除府城所在的臺南，雲林亦開發極早，卻遲至清末才設縣。

　　康熙 60 年（1721），臺灣發生朱一貴事件，事平之後，平定事件有功的藍鼎元，有鑒於諸羅縣的範圍遼闊，治理困難，乃上書建議諸羅縣北部另設立一縣。他認為虎尾溪位置險要，可做為天然屏障，應

---

1 本章由唐淑芳執筆。
2 鄭梓，〈史略與沿革〉，《雲林縣發展史（上）》（雲林：雲林縣政府，1997），頁 1-13。

設一新縣管轄。[3]因此清雍正元年（1723），清廷劃虎尾溪以北、大甲溪以南之地設彰化縣；以虎尾溪為界，溪南屬諸羅縣、溪北屬彰化縣。乾隆52年（1787）林爽文事件亂平，乾隆皇帝下詔改諸羅縣名為嘉義縣。雲林分屬嘉、彰兩縣之局面，達一百六十餘年。

光緒13年本縣成立之初，係將原分屬嘉義、彰化兩縣的十六堡，劃歸雲林管轄。連橫認為雲林縣的命名，係表彰鄭成功部將林杞開闢林杞埔（竹山）之雲林坪的功績而命名。[4]安倍明義則認為雲林坪雲深霧濃，雲林二字則取自「雲霧」、「森林」之意，故有此名。[5]

雲林有個與其他縣市最大的不同點，本縣並沒有以「雲林」為名的鄉、鎮或市。因為雲林縣治最初設於林杞埔，但因縣治地理位置偏東，交通較為不便。李烇就任知縣時便於光緒19年（1893）移治斗六[6]，因而今南投縣有「雲林」之名，雲林縣卻無此地名。

二、孕育生命之河流

雲林的地理環境可區分成三區——「斗六丘陵地域」、「濁水溪沖積扇地域」與「海岸隆起平原地域」，早期雲林的開墾地集中於斗六丘陵與濁水溪沖積扇[7]（圖1.1）。

3　藍鼎元編，〈東征集〉，《平臺紀事本末》（臺灣文獻史料叢刊第七輯，臺北：大通書局，1984），頁84。

4　連橫，〈疆域志〉，《臺灣通史》（臺北：眾文，1979），頁121。

5　鄭梓，〈史略與沿革〉，頁1-30。

6　鄭津梁，〈雲林沿革史（一）〉，《雲林文獻》創刊號（1952,11），頁42-43。

7　梁志輝，〈區域歷史與族群——清代雲林地區平埔族群討論〉，《平埔文化

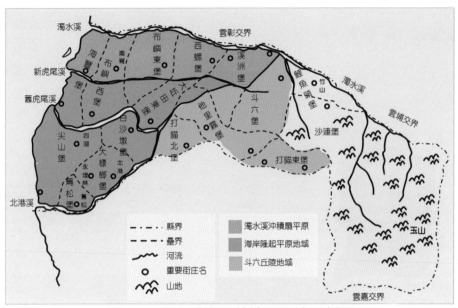

圖1.1　日治時期雲林地理環境區劃圖

資料來源：引自北港文化工作室編，《鄉土北港—地理篇》（臺北市：前衛，

　　　　1999），頁19。本文重新繪圖上色

　　與六房媽信仰淵源較深的聚落位於斗六丘陵地域的虎尾溪沿岸斗
六堡、他里霧堡、打貓東堡、打貓北堡、大坵田堡等地；其中他里霧
堡幾乎涵蓋了六房媽五股輪值聚落的大半。他里霧是斗南的舊稱，
閱覽繪製於康熙38至43年間（1699-1704）的《康熙臺灣輿圖》（圖
1.2），就能看出在石龜溪和虎尾溪間，有平埔族他里霧社居住於此。

專題》，中央研究院民族學研究所數位典藏；網址http://www.ianthro.tw/
p/112；瀏覽日期2012年11月12日。

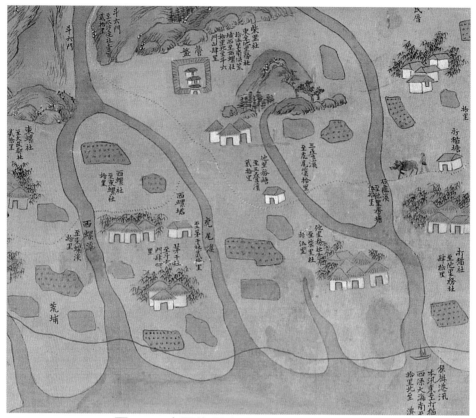

圖1.2　康熙輿圖中之雲林番社分布圖

資料來源：引自〈康熙臺灣輿圖摹本〉（國家重要古物）

本圖由國立臺灣博物館提供

　　《康熙臺灣輿圖》明確的繪製出流經此間的三大河川有北港溪（上游三疊溪和石龜溪）、虎尾溪、西螺溪。其中位於西螺溪和石龜溪間，載明了四個平埔族的番社：西螺社、茅干社、柴里社、他里霧社等。漢人居處則零星散布於番社間，聚落旁也有旱田和水田的圖示，代表此地平埔族人，已過農耕生活。

（一）北港溪

明永曆15年（1661），鄭成功實施寓兵於農的屯田兵制以求增產，大量招徠中國東南沿海居民。北港是雲林縣土地開拓及聚落發展的最早據點，由此據點向四周成線而至面的開拓，沿著北港溪溯溪而上，進入雲林的平原、丘陵區墾殖。

北港溪發源於阿里山脈西麓丘陵地帶林內鄉七星稜，本爲濁水溪四大入海分流之一，在清嘉慶年間曾經氾濫，造成笨港的毀滅。大正元年（1912），日本人在林內興建堤防，斷絕北港溪與濁水溪之通路，北港溪於是自成水系。[8]

目前北港溪爲臺灣第十長的河川，自平和厝以上此條河亦稱虎尾溪（非清領初期之虎尾溪）。北港溪支流有虎尾溪、三疊溪、石龜溪、大湖口溪、石牛溪，此集水區位於雲林縣東南部區域，人口聚集，工商業發達，面積約占雲林縣之三分之一。

（二）濁水溪

虎尾溪爲清領臺後濁水溪之主流，此時所謂「濁水」並非今日位於彰化、雲林兩縣交界之濁水溪，而是當時的虎尾溪。虎尾溪原和笨港溪（今北港溪）之間有一網流狀的河道相通。[9]雲林縣就在縱橫交錯的濁水溪流域中，孕育了生生不息的資源與生命。

《康熙臺灣輿圖》中的虎尾溪和西螺溪原出自同源，藍鼎元曾爲文

---

8 花松村編纂，《臺灣鄉土全誌》第六冊（臺北：中一，1996），頁44。
9 陳國川，《清代雲林地區的農業墾殖與活動形式》，國立臺灣師範大學地理學系碩士論文（2002），頁13。

〈紀虎尾溪〉描述虎尾溪之水混濁，溪水滾滾就像黃河一樣。[10]

　　藍鼎元指出水沙連山為虎尾溪之源頭，阿拔泉溪匯入虎尾溪後稱為西螺溪，彼此互相縱橫交錯，成一綿密網絡。當時虎尾溪及東螺溪皆受到自然因素的影響，時而乾涸、時而潰決。

　　《康熙臺灣輿圖》和《諸羅縣志》的〈山川總圖〉當中有一條虛線，是當時人與牛車行走之縱貫南北的南北大路（圖1.3）。郁永河為

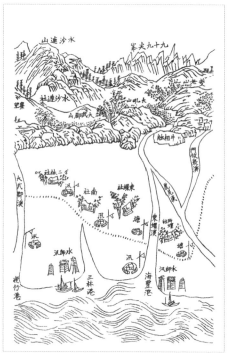

圖1.3　《諸羅縣志》〈山川總圖〉（8）（9）

資料來源：引自《諸羅縣志》（臺北市：文建會、遠流，2005），頁41-22

---

10 藍鼎元，《東征集》（臺北：臺灣銀行經濟研究室，1958，臺灣文獻叢刊第12種），頁84-85。文中提到「虎尾溪濁水沸騰，頗有黃河遺意」。

了採硫來臺，把他由南而北途經的風土見聞寫成《裨海紀遊》一書。當郁永河的牛車經過虎尾溪和西螺溪，眼見溪水皆濁，卻車行無虞，反倒是東螺溪溪水湍急，人車幾乎滅頂。[11]

（三）變動無常濁水溪

因雲林河川皆源於高山，上游坡陡流急，常夾帶大量泥沙，沙礫四處淤積，形成沖積扇地形。而下游的三角洲平原，則因地表坡平流緩，每遇豪雨造成河水氾濫，導致谷口下游河道搖擺不定。[12]

伊能嘉矩在《臺灣文化志》中，記錄了濁水溪河道之變遷，最主要有三次：「入清至乾隆末年之間，以南條虎尾溪為其幹流。自乾隆末年之後，則以中條西螺溪為幹流。日本據臺後明治31年（光緒24年）大洪水致溪流變動之結果，以北條東螺溪為幹流。微小變動之次數，則不勝枚舉。」[13]

《臺灣采訪冊》中記載，嘉慶年間濁水溪再度氾濫，河流改道，形成另一新虎尾溪，當時屋舍多被沖毀，生命財產損失嚴重。清領時期，濁水溪分歧成為東螺溪、西螺溪、新虎尾溪與舊虎尾溪（圖1.4）等河流入海，主幹流是西螺溪。這條新沖出來的「新虎尾溪」，西南

---

[11] 郁永河，《裨海紀遊》（臺北：臺灣銀行經濟研究室，臺灣文獻叢刊第44種，1959），頁18。文中指出「初十日，渡虎尾溪、西螺溪，溪廣二三里，平沙可行，車過無軌跡。」後來又經過三十里，至東螺溪，「而水深湍急不溺者幾矣。」

[12] 陳國川，《清代雲林地區的農業墾殖與活動形式》，頁9-10。

[13] 伊能嘉矩，臺灣省文獻委員會編譯，《臺灣文化志（中譯本）》（下卷）（臺中：臺灣省文獻委員會，1991），頁497-498。

流經土庫到柴林和三疊溪匯合爲今日北港溪之上游——虎尾溪。[14]

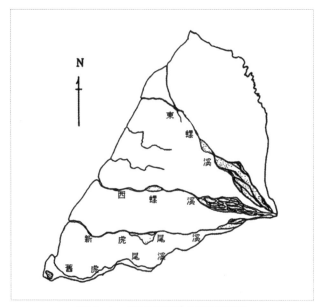

圖1.4　濁水溪流域變遷圖

資料來源：引自張瑞津，〈濁水溪平原的地勢分析與地形變遷〉

同治年間，濁水溪河道下游依然分歧，入海主幹流已轉爲東螺溪，舊虎尾溪上游已淤塞，下游已成斷頭河。明治44年（1910）下游洪水又生氾濫，造成慘重災情，日人推行「水利防洪計畫」並在沿岸增設堤防，導水入海，於是西螺溪遂成爲今日濁水溪之主流。

（四）天然災害毀家園

由於雲林地區迄光緒13年（1887）始獨立設縣，在此之前，分屬諸羅（嘉義）、彰化兩縣，因此關於當地水旱疾疫之記載，多以諸

----

[14]陳國瑛，《臺灣采訪冊》（臺北市：大通書局，1984），頁14。

（嘉）、彰兩縣概括言之。例如乾隆13年（1748）7月2日半夜至3日下午五、六點，臺中、彰化、雲林、嘉義颱風成災。當中涵蓋了嘉義、雲林、彰化等地，卻只有官府所在之縣城彰化縣、諸羅縣的災情被提到。[15] 想必當時沒有設縣的雲林等地，受災的情況，更是相當嚴重，雨後溪水暴漲，造成屋舍和農田的損失。雲林設縣後由倪贊元纂輯的《雲林采訪冊》，約於光緒20年（1894）採集，記錄了咸豐元年（1851）至光緒19年（1893）年間，雲林縣共發生水、旱、風災13次。[16]

「咸豐初年，大旱，早稻失收。」

「咸豐三年，大雨，觸口溪水漲，沙壓萬亢六田園，併沖壞水鏡頭庄。」

「咸豐三年六、七月間，暴風逾月。」

「同治四年九月二十八日，暴風壞民房。」

「光緒五年十二月十五日，大雨雹。」

「光緒六年六月初三日，大雨雪；十二月初二日，飛星入月。」

「光緒六年八月二十二日，風颱大作，三日始止，壞民廬舍甚多。」

「光緒十四年，大旱，五穀騰貴。」

---

[15] 徐泓，《清代臺灣天然災害史料彙編》（臺北：國家科學委員會防災科技研究報告72-01號，1983），頁47。清高宗實錄，卷322，頁6，記錄彰化縣「七月初二夜半，狂風大雨。初三水勢驟漲，城內水深數尺，倒壞民房三百數十間」，而諸羅等處「亦有衝壓田畝，倒壞民房之處，較之沿海各邑，被風更重」。

[16] 倪贊元纂輯，《雲林采訪冊》（臺北縣：大通，1984），頁93-94。

「光緒十五年五月，大雨連日，田園多浸。」

「光緒十六年七月，大雨水。」

「光緒十七年，大雨，沖壞村庄埤圳。」

「光緒十八、十九年，清、濁二溪皆漲，附近村莊屋內水深

數尺。」

「光緒十八、十九年，皆暴風。」

倪贊元任雲林縣儒學訓導僅五個月，採集資料的時間甚短，考證
也困難，疏漏在所難免。但在短短42年間，就發生了如此多次的災
情，洪水氾濫時常淹沒農田，甚至造成田園的荒蕪或流失。連農田賴
以灌溉的水利設施，都因大雨沖毀。可見清代雲林縣的水、旱、風災
頗多，影響住民的居住安全及田園的墾殖。

第二節　漢人移墾

在漢人移墾前，此區域原本就有許多平埔族人居住，Honaya（洪
雅族）及 Babuza（巴布薩族）是分布於虎尾溪溪南和溪北的族群。據
陳欽育研究指出，在今雲林縣新、舊虎尾溪之間的虎尾、土庫、褒忠
等三鄉鎮範圍內，應有另一族群 Favorlang（華武壠、費佛朗社）。在
荷據時代的歷史文獻《熱蘭遮城日記》、《巴達維亞日記》等資料，都
曾有「Favorlang」（華武壠社）的記載。[17] 但漢人移墾漸多後，侵襲到

---

[17] 陳欽育，〈荷據時代華武壠（Favorlang）社及其遷徙消失原因的探討〉，《大
　　同大學通識教育年報》5（2006），頁26-27。

Favorlang 族群的生活資源，致使衝突不斷。為平息移墾漢人和原住民的衝突，荷蘭人曾發動數次大規模的征伐，迫使華武壠人歸順。[18]

清代方志中也曾記載當時雲林地區的平埔族群有他里霧社、猴悶社、柴里社、貓兒干社、南社、西螺社等。大部分平埔族皆居住於雲、嘉交界的平原區域，以河川做為區隔。虎尾溪溪水變動頻仍，居民常因河道遷徙等災害而遷居。又因與漢人同地而處，歷來政策上較重視漢文化，促使平埔族人逐漸漢化，不願接受政令者，只好族群遷移，於是平埔族群逐漸失去其社群意識。[19]如斗南舊社原為洪雅族居住之地他里霧社，現已找不到平埔族的後裔了。漢人是如何逐步入墾雲林區域的？本節依次討論統治者的移民政策。

一、荷據時期

明萬曆天啟元年（1621），閩人顏思齊、鄭芝龍登陸笨港（今北港）附近一帶墾殖，「以西海岸水林、北港一帶較早，明代即稍具規模」，招撫漳、泉無業百姓、饑民來臺開墾，設十寨屯墾。[20]雲林原先即有少數零星漢人移墾，在顏思齊、鄭芝龍來臺之後，始有較大規模、有計畫性的移民。

明天啟四年（1624）荷人據臺，有計畫性的鼓勵原先入墾之漢人

---

[18] 同註17，頁36-37。

[19] 林難生撰稿，林清財計畫主持，《平埔族聚落現況調查成果報告書》（2010,8~2011,12）（臺北市：行政院原住民族委員會，2011,12），頁279。

[20] 蔡智明，《水林思齊》（雲林縣：雲林縣政府，2005），頁145。十寨有五寨在水林鄉境內。

發展農業，但因水源不穩定等自然環境的影響，不利稻作的生產，只能生產經濟價值較低的農作物如花生、番薯等，因此荷蘭人還修築埤圳等水利設施，改善灌溉資源。

據《臺海使槎錄》所記載，荷蘭人利用漢人墾地，所耕之田均屬荷人，稱之「王田」，提供耕牛、墾具，甚至修築埤圳等水利設施以增加農產量，臺灣的稻作和蔗作，遂於此時奠基。據說大埤鄉名的由來，跟荷據時期所建的灌溉水塘有關，昔日慣稱此灌溉水塘為「紅毛埤」，灌溉範圍頗大，其上游庄民因而稱自己所住庄社為「大埤頭庄」。「頂埤頭」、「中埤仔」、「下埤頭」的地名，係為埤塘的灌溉範圍而得名。但此時漢人納賦稅所耕之王田多集中臺南地區，雲林僅有少數點狀的開發。

二、鄭氏治臺時期

明永曆15年（1661）鄭成功收復臺灣，將荷蘭人的「王田」易名為「官田」。鄭氏部將林圮率部下開拓斗六門，以軍旅屯墾為主、招佃開墾次之。[21] 此時大量招徠沿海居民，興修水利，鼓勵稻米的種植，雲林縣土地的開拓漸具規模。除了推動漢人的墾殖，更從事原住民的農業教化。

依據日治時期臨時臺灣土地調查局的《臺灣土地慣行一斑》所載：「坡（埤）頭庄原為無主荒埔，順治年間鄭成功的部將來此開墾，蔡姓、黃姓移住此地，漢移民開墾於此。」、「阿丹庄於康熙元年

---

[21] 鄭梓，〈史略與沿革〉，頁1-36。

阿陳招佃開墾」，甚至也有隨鄭氏來臺拓墾的移民「古坑區新庄地方一部分屬於他里霧社蕃人招墾，一部分屬於跟隨鄭氏而來的蒲某」[22]，蒲氏開墾之地與平埔族社番鄰近。

　　鄭氏治臺期間（1662-1683）大力拓墾臺灣，田園面積大幅增加，不過，由於水利設施未普遍，只有官佃之田園盡屬水田，其餘田園則荒地旱埔，還是看天田。比照當時漳、泉一帶水稻一年已可兩熟，雲林田園的收成一年一熟[23]，只能糊口。

三、清領時期

　　漢人在雲林縣農業墾殖活動全面開展，本區最早開墾的地區是康熙年間已墾殖的斗六丘陵地域，因為水源取得容易，是漢人聚落首先落腳之處；其次是雍正年間以濁水溪沖積扇地域為主，接近沿海的海岸隆起平原一帶，至乾隆年間也已開墾殆盡。以下依照開發時程的重大農業水利政策，區分為康熙年間、雍乾年間及光緒年間來敘述。

（一）康熙年間

　　康熙22年（1683）施琅領兵攻臺結束鄭氏王國，清朝攻下臺灣後，將鄭氏軍民遣回中國，已經墾成之地再度淪為荒埔。大片荒蕪之地，除部分為平埔族之既有領域，清政府將大部分土地視為無主荒

---

[22] 臨時臺灣土地調查局，《臺灣土地慣行一斑》（臺北：南天，1905），頁66。

[23] 高拱乾纂輯，周元文增修，《臺灣府志》（南投市：臺灣省文獻委員會，1993），頁186。

地，只要先提出申請，公告無人呈報，一律俱准報墾。[24] 雲林地區的土地除少部分由平埔族各社申請招佃開墾外，大部分都被漢人捷足先登搶先登記，而淪爲漢人的墾區。

　　開發甚早的雲林地區，卻直至清末墾殖效率仍然不高，究其農作生產力低落的最主要原因，就是缺乏穩定的水源。不像臺北、宜蘭、臺中、彰化早在清代就發展出大規模的灌溉系統，本區水源完全來自天然降雨。最早建造的水利設施爲康熙34年（1695）的走豬庄圳「源由石龜溪分入，灌走豬、排仔路頭二莊」[25]，由庄民合築之後，本區便日漸興築水利設施。陳鴻圖在《嘉南平原水利事業的變遷》一書中指出，清代的水利設施稱之爲「陂圳」，陂是蓄水池，圳是水路。

　　康熙年間的灌溉埤圳規模都不大，且有許多「涸死陂」[26]（當地農民都戲稱「雷公圳」，意謂只有打雷下雨時才有水可用），必須靠降雨才能維持的灌溉設施。幸賴康熙53年（1714）諸羅知縣周鍾瑄提倡水利，捐銀修繕水利設施，鼓勵修築灌溉陂圳。

[24] 陳國川，《清代雲林地區的農業墾殖與活動形式》，頁42-45。

[25] 陳鴻圖，《水利開發與清代嘉南平原的發展》（臺北縣：國史館，1996），頁76-86。

[26] 周鍾瑄主修，詹惟能點校。《諸羅縣志》（臺北：行政院文建會，2005），頁34。

表1.1　日治時期以前嘉南平原水利設施空間分布表

	荷蘭	明鄭	康熙	雍正	乾隆	嘉慶	道光	咸豐	同治	光緒	小計
臺南市	5	1	—	—	—	—	—	—	—	—	6
臺南縣	5	6	25	1	2	1	3	3	—	—	46
嘉義市	2	—	1								3
嘉義縣	—	—	39	11	8	—	7	2	1	5	73
雲林縣	—	—	17	2	2	—	—	—		1	31	53
小 計	12	7	82	14	12	1	10	5	2	36	181

資料來源：陳鴻圖《嘉南平原水利事業的變遷》

　　康熙年間雲林地區的水利設施共有17處（表1.1），因雲林地區地勢低平，唯有築堤儲水才能灌溉。此時雲林的水利設施多分布在平原以東接近丘陵的區域，係因這些地方接近河流源頭水量豐沛，用來蓄水較爲便利。關於水利的修築，也反應了嘉南平原的拓墾特性。 陳鴻圖認爲，嘉南平原由於本區開發較早及早期土地被控制在荷人的「王田」、明鄭的「官田」裡，所以業戶或墾戶在本區較沒有發展空間，大多以漢人村庄爲單位的集體拓墾，故水利開發亦以庄民合築者爲主。[27]

　　依據陳鴻圖統計，清代雲林地區共築有埤圳53個，其中灌溉規模較大的「圳」總數12，埤多圳少灌溉功能明顯不足。因爲沿著河流攔水爲埤，人民聚集而居成庄，形成墾殖農村聚落。富田芳郎在〈臺灣的農村聚落型態〉就曾提及，「本區大概每隔約一公里左右就有一個密集部落。由斗六、嘉義、臺南到高雄的一大片平原上，所呈現的就

[27] 陳鴻圖，《嘉南平原水利事業的變遷》（臺南：臺南縣政府，2009），頁81-82。

是這種數十間聚集一處的集居型部落」。[28] 富田芳郎認為中國的農村聚落多屬集居型，因此臺灣自然也如此的傳承沿襲；還有因為共同防衛的必要，更助長了此聚落型態的發展。

（二）雍正乾隆年間

清領初期禁絕漢人在番界的開墾，因此藍鼎元上書奏議，請准人民開墾閒置之地。於是雍正二年（1724）放寬臺灣番地的開墾：「福建臺灣各番鹿場閒曠地方可以墾種者，令地方官曉諭，聽各番租與民人耕種」。[29] 此敕諭僅准許原住民將番地租與人民，仍不能交易典賣。雍正二年十二月，閩人薄昇濼向彰化縣府申請墾照：「請墾布嶼稟堡荒蕪青埔草地一所，東至大坪，西至海，南至虎尾溪，北至海豐港為界」。[30] 薄氏請墾的範圍，大約是除了斗六丘陵區之外的大半個雲林縣。陳欽育認為此墾區應為平埔族原住民遷徙後所留下的無主荒地，薄氏申請墾照後，尚需招募佃農開墾荒地。但卻在獲得墾照不到三年，先賣給段姓、謝姓人士，再於雍正五年（1727）二月將所餘墾權八成售予張子彰、歐家千、歐獻臣等三人，價格為本銀二百兩。[31]

合約中提到所購之地為荒埔，顯見此地雖為薄氏請墾，三年後仍未墾成，意即尚未開發完成就轉賣大部分。歐家千在乾隆七年

---

[28] 富田芳郎原著，陳惠卿譯，〈臺灣的農村聚落型態〉，《臺灣地學記事》4卷2期（1933），頁11-14。

[29] 不著撰人，《欽定戶部則例》（臺北：成文，1968），頁516-517。

[30] 國立臺灣大學，《臺灣歷史數位圖書館》，檔名：〈ntul-od-bk_isbn 9789570000025_0023300234.txt〉；瀏覽日期2012年3月25日。

[31] 國立臺灣大學，《臺灣歷史數位圖書館》，檔名：〈ntul-od-bk_isbn 9789570000032_0168001681.txt〉；瀏覽日期2012年3月25日。

（1742）又將其墾權轉賣給歐愧武，二年後再賣給張登選。[32]

從薄氏請墾到三度轉手，已歷經18年，此時荒埔才成為草地。陳國川認為墾地交易頻繁可能和水利來源不穩定，田園的生產力低、生產量不穩定有關。因此大租權轉賣或轉典頻繁，造成地方發展緩慢，清代雲林社會浮動頻繁等特色。[33]

雍正以後，雲林湧入大量漢人墾殖荒埔，雍正末年至乾隆初年，雲林地區雖仍有不少漢人進入拓墾，開發大致完成時間約應在乾隆年間。依據日治時期臨時臺灣土地調查局的《臺灣土地慣行一斑》所調查「他里霧庄五間厝庄，原他里霧社番業地，番人自資墾成，故稱番人洋」、「惠來厝庄及過溪子庄，原斗六堡柴里社番所管，乾隆年間番社招徠漢佃在此開墾」。[34] 這些地方乃平埔族居地，早已被開發，漢人來此墾殖必須向其租佃，漢番共處生活習慣、語言皆不相同，難免有紛爭發生。

（三）光緒年間

光緒13年（1887）雲林設縣促成了雲林水利開發的第二次高潮期，也帶動開墾的熱潮。光緒年間雲林地區的水利設施共有31處（表1.1），從水利設施分布的區域空間來分析，多數是分布在平原東半部的近山丘陵區域。陳鴻圖認為，雲林地區平原東側的水利基礎大多於

---

[32] 國立臺灣大學，《臺灣歷史數位圖書館》，檔名：〈ntul-od-bk_isbn 9789570000019_0019300194.txt〉；瀏覽日期2012年3月25日。

[33] 陳國川，《清代雲林地區的農業墾殖與活動形式》，頁65。

[34] 臨時臺灣土地調查局，《臺灣土地慣行一斑》（臺北：南天，1905），頁66。

此時發展，故後來嘉南大圳的設計其灌溉區並不包含平原東側。

　　陳至德認為，光緒年間的水利建設發展，與康熙年間相比有些不同，首先是建造方式較多樣化，包括業戶合築、業佃合築、莊民合築、家族獨建、闔保公建、官員開築以及由地方頭人所建等七種。[35]顯示清末社會階層形成分化，社會關係漸趨複雜。其次是出現了大型的水利設施，加上灌溉系統漸趨密集，彼此連結後而成為達數百甚至數千甲的水利灌溉設施，使水權的歸屬愈趨複雜。

四、日治時期嘉南大圳完工，增加農業的產值

　　日本領臺後，自 1898 至 1902 年間雲林的耕地不增反減，原因乃是現今古坑、斗六、斗南在日治初期是抗日的重要據點，日軍久攻不下，因此鄰近轄區的田、園被迫廢耕。[36]

　　雲林是糖的重要產區，日治初期為了平定抗日的勢力，大量砍除蔗田，導致糖廍大量減少。明治 42 年（1909），依《臺灣糖業舊慣一斑》的調查，臺資的舊式糖廍數量已大幅回升，但產量遠不及日資的新式糖廠，新式糖廠引進大型機械進行加工，提高了生產力，舊式糖廠被取代，甚至被併吞，如此一來也影響了蔗農的生計。[37]

　　稻米是雲林地區另一項重要農產，為了將稻米輸往日本，總督府經歷了三十年的長期試驗，大正 11 年（1922）終於育種成功，後將其

---

[35] 陳至德，《清代雲林地區漢人社會的發展》，國立中正大學歷史研究所碩士論文（2006），頁 49。

[36] 林崇熙，〈經濟產業〉，《雲林發展史（上）》，頁 5-54。

[37] 同註 34，頁 5-58。

命名爲「蓬萊米」，從1931到1937年間蓬萊米的種植面積大增，在來米的種植面積快速縮減，農民也將蔗作轉爲蓬萊米，米糖相剋的問題愈形明顯。[38]

　　日本政府積極以水利事業的興築，做爲推動農業發展最重要方法，有別於清朝的灌漑設施爲民間力量或官民合築。明治34年（1901）頒布的「公共埤圳規則」，將有關公眾利益的埤圳，全部指定爲公共埤圳，須接受行政機關的指導與監督。[39] 大正8年（1919）八月，成立「公共埤圳官佃溪埤圳組合」，由八田與一任總工程師，嘉南大圳歷經十年完工。嘉南大圳的完工對雲林農村的影響在於使耕地由旱田轉爲水田，大幅提升了農業的產值。

---

[38] 同註34，頁5-71。
[39] 同註34，頁5-76。

第2章
六房媽信仰概述

第一節 日治時期的六房媽文獻

我們若要瞭解一座廟宇的歷史，可從碑文、牌匾或史書文獻來找尋蛛絲馬跡，但每年六房媽過爐，在爐主所設置的紅壇供奉一年之後，又要移動到下一任爐主的紅壇，祭祀地點年年更新，也沒有固定的碑文、牌匾可供參考。遍查清朝有關雲林地區的歷史文獻，並無六房媽信仰的記述，因此日本學者的記載是目前所知的第一批文獻資料，包括宗教民俗普查資料及報紙。

首先，片岡巖在大正十年（1922）出版的《臺灣風俗誌》第十一集第一章「臺灣的儒教」的第二款「人類的靈魂崇拜」，列出臺灣重要的神明，包括神農壇、孔子廟、文昌祠、關帝廟、媽祖、保生大帝、水仙尊王等31位，其中第31位特別舉出六房媽。原文如下：

> 六房媽は嘉義廳下打貓街にあり林姓六房の女にして昔し生天して神となれりと云ひ傳ふ林姓のもの多く之を祀り、又附近人民は五穀を保護神なりと稱し詣づるもの頗る多し舊四月十六日之を祀る。（片岡巖 1922: 1038-9）
>
> 譯文：六房媽是嘉義廳所屬打貓街（現在民雄一帶）這個地方，林姓六房的女子，相傳是昔日已經升天之神明，而且附近人民稱呼為五穀保護神，參拜者眾多。祭典在農曆四月十六日。

翻譯：徐雨村；校訂：滿田彌生

六房媽在片岡巖的研究分類裡面，實際上有別於媽祖。這部分的祭典時間，頗符合歷來六房媽過爐日期常訂於農曆四月十六日前後。片岡巖所指的「打貓街」，涵蓋現今六房五股的崙仔一帶，以及當地居

民仍持續參與六房媽祀典的大林鎮。

另外，相良吉哉的《臺南州祠廟名鑑》一書第 384 頁記載六房媽的三個神明會，包括「六房媽會」（斗六街大北勢）、「六房天上聖母會」（斗南庄斗南），以及「六房媽」（虎尾庄過溪子）（如圖 2.1）。該書介紹天上聖母的章節則是在第 413 頁。如同片岡巖的記述，相良吉哉也分別記述了「六房媽」與「湄州天上聖母」。

圖 2.1 《臺南州祠廟名鑑》所載六房媽神明會

資料來源：相良吉哉 2002[1930]: 384

　　其中，關於六房媽信仰由來的介紹，見諸於斗六街六房媽會，登記地址爲大北勢庄：

> 六房媽會　斗六街大北勢
>
> 祭神　天上聖四將軍
>
> 會員　約二百人（斗六、西保、土庫、打貓の林姓）
>
> 創立　約二百年前
>
> 例祭
>
> 爐主　斗六街大北勢　林詩禮
>
> 支那徽州より渡來せる林姓六人の兄弟が一は大勢庄、次は海豐崙庄、惠來厝庄、新庄、五間厝庄、土庫庄の六箇所に分住し輪番に媽祖を祭祀する事として
>
> 譯文：從中國徽州渡海來臺的林姓六兄弟，分別住在大北勢庄、海豐崙庄、惠來厝庄、新庄、五間厝庄及土庫庄這六個地方，輪值祭祀媽祖。

翻譯：徐雨村；校訂：滿田彌生

　　細究這段原文，不難看出若干疑點。如果從臺語發音來看，「徽州」固然跟「湄州」相通，相良吉哉本人或是代其訪談的教師在訪問過程，有關中國地名的漢字考據，勢必書寫出來與受訪者核對，否則無法寫出正確漢字。但即使「徽州」就是「湄州」的誤植，在六房五股的範圍內，尚未找到湄州林姓的後裔。再者，目前斗六市的海豐崙庄、斗南鎮的新庄並不屬於五股範圍內。

　　目前在大北勢的林姓後裔表示，1928年當時爐主林詩禮奉祀六房媽的地點在林氏宗祠，也就是現在的文財神祖廟。

　　而另一筆斗南「六房天上聖母會」的資料，例祭時間跟湄州天上聖母相同，爐主為林科。但目前已經沒有這個組織。

六房天上聖母會

祭神　天上聖母

會員　十八人（同地林姓の者）

創立　不詳

例祭　舊曆三月廿三日

爐主　斗南庄斗南　　林科

緣起は斗六の六房媽會と同樣にて五年每に一回天上聖母を迎へ祭禮を行ふ為め創立したるものにして會員は當初三年間每年二圓宛を醵出して基本金とし（畑）〇甲三九三〇を購入し其收益を以て祭事費維持費に充當し來れりと

　　譯文：這個團體的源起跟斗六的六房媽會一樣，每五年一次舉行迎請天上聖母的祭典。創立時會員最初三年，每年出資二圓，用此基金購買旱田0.3930甲，以其收益充作祭典費用及維持費用。

翻譯：徐雨村；校訂：滿田彌生

　　至於虎尾過溪子的六房媽，例祭日期接近目前的過爐日期。爐主為林清江，有管理人周水勇，但其角色不明。

> 　　六房媽　虎尾庄過溪子
> 　　祭神　天上聖母、四將軍
> 　　會員　二百人（元閭地林姓のものゝみ）
> 　　創立　約二百年前
> 　　例祭　舊曆四月十二日
> 　　爐主　虎尾庄過溪子　林清江
> 　　管理人　同　　　　　周水勇
> 　　林姓の祖先兄弟六人が各地にて本會創立せる者にして創立の當時より會員の捐金にて維持し來りしか其後祭器の修繕費として會員より十二圓を徵收し之を希望者へ貸付け利殖を圖り來りしに今や其金額三百五十六圓餘に殘し祭事費維持費共に基金中より支辨し居れりと
>
> 　　譯文：本會創立者是住在各地的林姓祖先兄弟六人，從創立之時依據會員的捐款來維持，至於其後祭祀用品的維修費用，向每位會員徵收十二圓，向申請者放貸，賺取利息，今天的金額結餘三百五十六圓，祭祀費跟維持費是由這筆基金的收益支出。

翻譯：徐雨村；校訂：滿田彌生

　　日治時期的《臺灣日日新報》也有兩則關於六房媽的報導。顯示在1929年及1932年間，六房媽的祭典已是熱鬧非凡，日本政府雖以人民負擔過重，想要徹底禁止，卻沒有成功。

　　首先，是1929年5月30日的《臺灣日日新報》日文版報導：

お祭倒れの 弊風に醒める 臺南州下の五部落民 假裝や接待は本年限

　臺南州虎尾郡土庫庄土庫、同虎尾庄、惠來厝庄、斗六郡斗南庄大北勢、同烏瓦磘の五部落民は百數十年前から毎年輪番にて六房媽祖祭を執行し輪番部落に媽祖を迎へろときは他の四部落民がいづれも假裝行列美々しく繰込みその參加人員多きときは三萬人に達し蜿蜒里餘に亘るといふありさまで而よ輪番部落ではこれらの他部落の假裝行列員をお客さんとして接待せねばならず、その費用のみにても三萬餘圓を要することゝなり、從つて輪番部落民はその祭典費及接待費として一戶當平均百五十餘圓を負擔せねばならぬため、中產以下の農家ではそれよりうける經濟的打擊は目もあてられぬといふので數年前よりその改革が論議されてるたが去る二十一日五部落の代表者等が其打合せのため斗六郡大北勢林欉氏方に集合した結果本年度に於ける祭典を最後とし來年度以降は假裝行列及びその接待を絕對に廢止し近年萎微して振はざる同地部落の地方經濟を振興せしめることになつたと

　譯文：

　為舉辦祭典而瀕臨破產 對不良習俗感到覺醒 臺南州五部落人民的陣頭及接待限至今年為止

　臺南州虎尾郡土庫庄土庫、連同虎尾庄、惠來厝庄、斗六郡斗南庄大北勢及烏瓦磘等五個部落居民，從百餘年前開始每年輪值舉行六房媽祖祭典。輪值部落迎請媽祖的同時，其他四個部落的陣頭隊伍參與之，參加人員多達三萬人，蜿蜒一里多。輪值部落必須宴請其他部落來的陣頭隊伍，費用高達三萬圓以上。這樣計算輪值的部落每戶的

負擔是150圓，這造成中產以下的農家極大的經濟負擔，自數年前開始一直在討論此祭典的改革。21日五個部落的代表在斗六郡大北勢林欉氏那裡開會討論結果，今年度是這個祭典最後一次舉行，明年度絕對禁止陣頭隊伍及宴客，以幫助提振當地近年來衰敗的地方經濟。

資料來源：報紙內容由唐淑芳提供。翻譯：徐雨村；校訂：滿田彌生

　　讀者閱讀前面一段文字，可能認為六房媽過爐在日本政府的鐵腕統治之下，就此衰敗。然而，1932年5月21日的《臺灣日日新報》漢文版，卻有以下的記載：

虎尾／六房祭典8版

　　土庫庄土庫 例年舊四月十四日 六房媽過爐 本年偶因天氣之都合遠近往觀者 不乏其人 如虎尾土庫間之自動車 每時數回發車 尚感不足 在土庫狹隘之市街 人山人海 擁擠不開云

　　譯文：土庫庄土庫，每年一度農曆四月十四的六房媽過爐。今年因為天氣良好的關係，從遠地或當地前往看熱鬧者非常多。像是虎尾跟土庫之間的客運車，每一小時發車好幾次，都覺得無法紓解人潮。在土庫狹窄的市區街道，人潮擁擠久久不散。

資料來源：報紙內容由唐淑芳提供。翻譯：徐雨村；校訂：滿田彌生

第二節　六房媽信仰起源傳說

　　在文獻資料有限的情況下，信眾依然設法找尋六房媽的身世，透過口耳相傳的傳說，以及神明降駕扶乩而成鸞書，來建立六房媽的歷

史，成爲在當地信仰體系裡面的解決方案。關於六房媽的傳說故事，可約略區分爲起源傳說、避難傳說及股內傳說三類。在起源傳說方面，主要包括民國51年爐主陳寬永扶鸞而得的〈六房天上聖母寶像之歷史及靈感〉、民國71年降乩飛鸞的〈六房天上聖母史蹟〉、以及《雲林縣民間故事集6・閩南語故事（三）》等。

一、六房天上聖母寶像之歷史及靈感

〈六房天上聖母寶像之歷史及靈感〉（圖2.2）是爐主陳寬永印刷分發扶鸞文書，描述清康熙45年（1706），由林進六兄弟迎奉聖母林金粥香火於太高媽崙仔（今斗南股崙仔）；清雍正三年（1725），由福建省安溪縣武當山迎請寶像來臺。道光18年（1838），眾弟子商議輪祀，庄頭改稱爲股，始有六房天上聖母之稱號，並於道光30年（1850）開始過爐。然而這篇扶鸞結果並未獲得當時老大桌會及各股的認同，因此流傳不廣。[1]

二、六房天上聖母史蹟[2]

民國67年六房天上聖母祭祠管理委員會成立後，各方認爲六房媽的傳說眾說紛紜、莫衷一是，提議請六房媽降乩飛鸞說明祂的身世。

---

[1] 黃漢偉，〈信仰、意義與建構：談六房媽過爐〉，《民俗曲藝》186期（2014），頁75-77。

[2] 本段內容引述自徐雨村，〈雲林縣六房天上聖母的祭祀組織〉，《臺灣文獻》48卷1期（1997），頁101-103。並補充103至104年所收集資料。

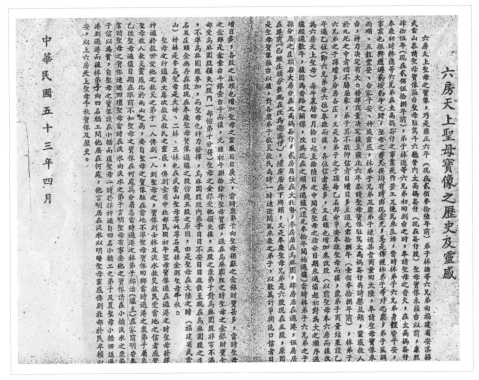

圖2.2　1964年陳寬永扶鸞而得的〈六房天上聖母寶像之歷史及靈感〉

資料來源：林庚申提供

民國71年，委員會主任委員魏景宏撰擬〈叩求疏文〉，焚化敦請六房媽降鸞說明其身世。其後委員會得知在五股範圍之外的斗南鎮石龜溪的鸞堂「感化堂」已獲得六房媽神諭。隨即有信眾以該篇飛鸞書為基礎，參考歷來的傳說及歷史資料，改寫成較簡單的文字，採用祭祠管理委員會的名義，印製一張桃紅色傳單，標題是「六房天上聖母史蹟」（圖2.3）。委員會基於「神明事由神明決定」的原則，大致贊同此一傳單內容，並未要求修訂，也據此說明六房媽的源流。魏景宏解釋說，六房媽的祭祀活動係由爐主負責，但爐主每年一任，每年更換

崩潰，天災降臨，在一夜間、洪水衝進部落，全村居民，紛紛滿夜奔竄，逃出村外，茫無去路，忽見前面出現一盞紅燈引導，難民即隨燈光之引路行走，才脫離險境，嗣後有人得夢，該房有此分散，無人主繼，以後就剩下五房輪流供奉。但自此次災變，村民各自逃散，或歸依他房，或奔散無依，該房自此分散，

由於聖母靈感，各房族居地區，居民膜拜者日眾，士農工商各界人士，凡有祈求者，多能如願以償，聖母靈感，不但賜給信徒有求必應，且賜給地方一遍祥和歡樂的朝氣，歷年各房迎送佳日，慶典盛況，熱鬧非凡。極盡恭敬之忱。

災、賜福、賜丁、賜財、賜壽，皆賜人願，激起民眾敬仰彌篤，聖母靈感，有求必應，查禁甚嚴，當時斗六郡守命令將郡內之許多神像遭被焚毀，我聖母正值在五間厝股二重溝曾顯靈降

迨日治時代，因自由受限制，往昔熱誠迎送場面漸減，尤其到了第二次世界大戰，處此非常時期，經濟衰微，日人對我省民同胞信仰，旨，指示將金身請去土庫順天宮逃避風暴，而今才得保全原金身。

本省光復後，即由各房熱心人士重起爐灶，由現在散處五間厝……各股房族長老繼續輪流迎奉。由於聖靈顯化，有求必應，東西南北慕名前來朝拜者日增。而今非六房子孫所愛惜，確已成為各地信徒們所共仰，尤近數年來，各地前來朝拜信徒絡繹不絕，聖靈賜福澤庇萬民，歷年每屆農曆四月中旬輪值過爐奉祀爐主，辦理迎送佳日，巡行值股內庄頭燒香後合家平安隨香朝拜信徒多達十萬人以上，盛況空前，聖靈賜給我民安和樂利亦更甚矣！

今信徒遍佈全省各地。愛熱心公益人士認應建立一個完整體制，規範管理事宜，為使新火相傳，使聖母慈輝永照人間，亟須健全組織，奉行其事。吾人感於聖母偉大，聖靈顯赫，必須弘揚光大，特於民國六十七年四月邀約各股長老在過溪子股爐主黃保護先生住宅集議，設立「六房天上聖母祭祀管理委員會」得以奉行一切祭祀管理事宜，以求公信，亦苻求信徒奉獻敬仰之真誠聖靈感召，引導週至，必將賜福諸信徒們！

中華民國七十一年歲次壬戌六月

六房天上聖母祭祀管理委員會　謹印

圖2.3　六房天上聖母史蹟（左半部）

（請由下一頁〔右半部〕讀起）

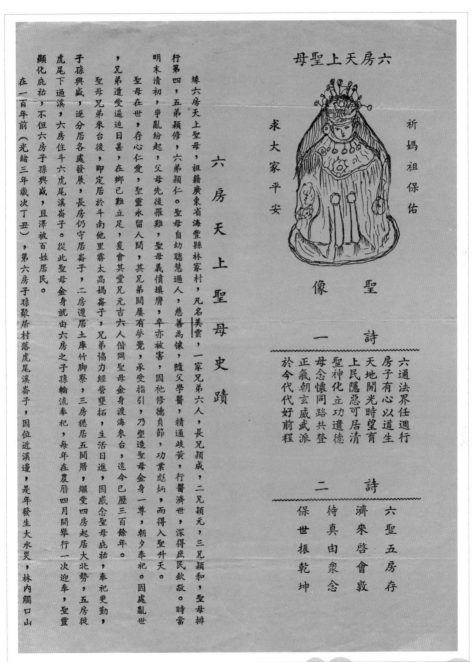

圖2.3　六房天上聖母史蹟（右半部）

祭祀地點，無法妥善保存文獻資料。此後參照飛鸞結果的各種書面版本陸續出現。

至於飛鸞書原文，在民國76年虎尾鎮頂溪里過溪仔興建庄廟「聖母宮」時，即採用71年的鸞堂文字刻製石碑，標題爲「六房天上聖母略傳」。

到民國80年，臺北松山天聖宮也參考71年的傳單版本，印製名爲「六房天上聖母史蹟」的小冊子，在過爐當天分送給信眾或置於紅壇內供信眾自由取閱。民國71年的這個飛鸞書版本逐漸盛行，成爲信眾對六房媽源流的重要說法，據此解釋了六房媽的身世、祖籍、成神過程、六兄弟遷臺，以及「六房五股」的由來等等議題。

六房媽來自何處？祂在何時成爲神明？以及「六房」二字具有的意義爲何？這三個關於六房媽的身世問題是這則飛鸞書的重心。六房媽自述凡名爲林美雲，原居廣東省海豐縣林家村，自己排行老四，有兄弟五人。明末清初，熟悉醫理的林美雲在19歲辭世，顯靈而由兄弟雕塑金身奉祀。兄弟及堂兄六人渡海來臺，在太高媽崙仔（今斗南鎮阿丹里崙仔）定居，做瓦工維生。隨後，於清順治甲午年四月由兄弟迎請來臺。六位堂兄弟分居六處，因此開始輪值六房媽神像。據徐雨村在103年5月的訪查，崙仔的人們堅信該庄就是六房媽的開基地點，也找到相傳的瓦磘遺跡，只可惜已被樹木雜草所覆蓋。崙仔是六房媽開基地點的傳說由來已久，早在這次扶乩之前，即已成爲五股普遍流傳的說法。

傳說指出，六房媽由於明末清初的紛亂，尚未出嫁便過世，後來因有靈驗事蹟，由其兄弟奉祀，成爲家神。時至今日，林姓信眾仍稱

六房媽爲「姑婆」。許多人習慣將六房媽與姑婆的名號連稱爲「六房媽姑婆」。近年來，臺灣的林姓族人漸有稱呼「湄州天上聖母林默娘」爲其「姑婆祖」的新說法，這是否跟「六房媽姑婆」的稱號有關連，值得考證細究。

「他里霧」是斗南的舊稱。依據這段傳說，林氏六兄弟遷臺後，住在斗南鎮阿丹里崙仔，生活安定之後，將六房媽分靈來臺奉祀。六兄弟遷臺的時間是否如飛鸞書所說的清順治甲午年，即爲順治 11 年（明永曆八年、西元 1654 年）尚不得而知，這個年代早於鄭成功政權統治臺灣的 1661 年，目前仍缺乏直接的歷史證據。

股內居民表示，六房媽原本是林姓的「家族神」，早期只有林姓信眾才有擔任爐主的權利。不過早在日治時期，其他非林姓的信眾（通稱「外姓」）已參與祭典，飼養「豬公」來協助請客。民國 34 年，日本投降之後，臺灣本土的宗教活動恢復生氣，六房媽的過爐也在 35 年重新舉辦。此時，非林姓提出參選爐主的要求，經過五股長老開會通過。民國 37 年，過溪股產生第一位非林姓爐主，從此六房媽正式由「家族神」轉變爲「地方神」。雖說在民國 36 年之前，爐主只能由林姓人士擔任，但有些地方的非林姓人士仍可借用村內某個林姓人士的名義，擔任實際上的爐主。

目前輪流奉祀六房媽的 34 個庄頭，分屬於「五股」──五個大小不等的輪值區域，目前輪值方式是由每一股奉祀一年，每五年完成一次循環，各股之內再自行協調。據當地人表示，五股的區分與兄弟分家有關；然而號稱「六房」，依照分家的原則，應當是六股才對，爲何只有五股？

　　飛鸞書以六房子孫分家的觀念，說明現有組織的起源，描述六房媽的五兄弟及堂兄協議輪值六房媽，每房輪一年，每六年完成一個循環。後來，堂兄這一房因故被大水沖散，遷居到現在的五股以外的雲林縣古坑鄉及嘉義縣大林鎮的幾座村落。目前，這些庄頭仍維持每年在固定日期迎請六房媽參加當地慶典。

　　這篇飛鸞書以各房「長幼順序」的概念，解釋五股現行的輪值順序，依序為「斗南股」、「土庫股」、「五間厝股」、「大北勢股」、「過溪股」。至於，原先第六股的所在地──斗六市虎尾溪崙仔，現在居民的先祖大多在日治時期陸續遷入屯墾，昔日居民多為臺糖公司的契作農。此地農民從事農作時，偶而會挖到破瓦，據說這是昔日聚落遭到洪水侵襲的遺跡，因而在村子南方的蔗田中央有一座供奉無主骨骸的萬善祠。

　　在民國71年的〈六房天上聖母史蹟〉一文中，扶鸞結果顯示這場水災起因於清光緒三年[3]（歲次丁丑，1877）林內鄉觸口山崩，造成虎尾溪的溪水暴漲，整個聚落一夕之間夷為平地。在這篇飛鸞書中，六房媽否認虎尾溪崙仔第六房因「食一斗金、一斗銀之因，故才散股」的傳聞。民國81年虎尾溪崙仔則有一傳說，昔日當地首富張祖篩（音譯）主持六房媽慶典多年，將信眾奉獻給六房媽的一斗金、一斗銀據為己有，因此六房媽降災於張祖篩，並發出毫光讓信眾趕緊遷移。民國103年，徐雨村在虎尾鎮三合里舊廍採集到一則內容相近的傳說，但發生地點卻變成虎尾的旗桿厝，一處同樣位於新虎尾溪南岸的庄頭。

---

[3] 然而，依《雲林縣采訪冊》，光緒三年並未有此一水災，比較可能是《雲林縣采訪冊》第40頁 災祥 旱澇之第二則記載：「咸豐三年大雨，觸口溪水漲，沙壓萬元六田園，併沖壞水鏡頭莊」。

　　這篇飛鸞書為地方士紳依據傳統宗教方式，祈求六房媽為大眾解其身世之謎所達成的結果，之所以能夠流傳多年，就在於這份文書結合了諸多地方記憶、人情義理以及歷史典故。因此呼應了五股乃至股外信眾的生命經驗，讓六房媽信仰跟信徒或村落建立了連結關係。

三、九牧六房

　　關於六房媽神格的由來，亦在中華民國六房媽會成立之後，繼續成為信眾所欲解答的難題。民國 96 年，時任六房媽會理事長的謝永輝編撰《六房媽誌》，結合了先前的飛鸞傳說、學界論述以及「六房媽即為湄州天上聖母」的觀點，並沿用飛鸞文書所記述六房媽係於清順治甲午年（1654）遷臺。隨後，民國 101 年 4 月 7 日舉行「六房隨香——六房媽宗教民俗與文化論壇」，由林啓元發表「六房媽溯源」的投影片，公開發表「六房媽實為九牧六房派下之女」的說法。六房媽粉絲促進會所發行的摺頁〈雲林・六房ㄟ媽祖婆〉引述《莆田九牧林氏族譜》記載：「天上聖母『媽祖』俗名林默娘，是晉安郡王林祿的第二十二世孫，莆田九牧林披公第六房蘊公的第六世孫維慤公之女，屬於莆田九牧林氏第六房之後，故林氏各房之子孫皆稱其為『六房姑婆』」。[4]

---

[4] 新遠東出版社林氏族譜編輯委員會，《林氏族譜》（臺中市，新遠東，1957），第 A98-A106 頁。

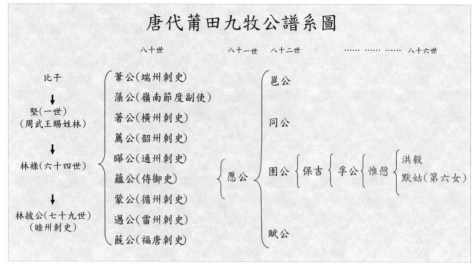

圖2.4　唐代莆田九牧公譜系圖

資料來源：林啓元 繪

四、小結[5]

　　以上傳說雖然未能解決六房媽起源與神格的定位，但在其信仰範圍內流傳自有不可抹滅之價值。若由民間傳說來看六房媽的神格特色，其生前並未出嫁隨即升天，因有靈驗事蹟而受兄弟的香火奉祀，至今日仍有林氏子孫稱其爲「姑婆」，相較之下其神格近似於臺灣民間的「孤娘信仰」之特色，多以未婚、未生產的女子爲對象，並必須符合遵守傳統美德，死後能夠屢屢顯現靈異而受後人崇祀香火。然而，六房媽傳說或因口耳相傳，或因地方版本不同而有情節差異，而關於「六房」之說，也各有不同的詮釋，基本上都是關於林氏家族親屬關

---

[5] 本段引自黃漢偉，〈信仰、記憶與建構：談六房媽過爐〉，《民俗曲藝》186期（2014），頁78-79。

係的傳說，強化了六房媽信仰與家族、地緣的聯繫。[6]事實上，就五股
與紅壇的信徒而言，六房媽的神格地位即為當地最高的神祇，信徒著
眼的是依循傳說的五股連結以及過爐祭典與神祇的靈驗事蹟。每年祭
典的規畫與配套被視為五股之間的大事，也是信徒檢視爐主勝任與否
的考驗，爐主、各股代表與六房媽會的事前規畫與協調被視為儀式成
功的關鍵。

第三節　六房媽祭祀範圍的變遷[7]

　　依據五股傳說所指，六房媽從「家族神」進展到「地方神」的過
程，加上臺灣經濟發展所導致的人口流動，可將地方人士所認知的六
房媽祭祀範圍的變化，依序分為五個階段：家族神、家族神到地方神
的過渡期、地方神、故鄉認同神，最終發展成普世之神。然而，由於
文獻資料不足，第一階段缺乏確切的時間，目前僅有第三、四、五階
段之間存在較明確的時間分界點。

6　莊孔韶在研究陳靖姑傳說與田野研究認為，地方人物傳奇能千餘年傳而不
　　衰，還在於其故事同地方人事緊密結合，有其熟悉的地域性特色與文化傳
　　統，而使地方民眾成為陳靖姑信仰之載體，進而提出傳說圈、信仰圈和祭
　　祀圈不過是坐落在地域上的一種表現傳說過程和宗教過程的文化景觀。
7　本節內容引述自徐雨村，〈雲林縣六房天上聖母的祭祀組織〉，《臺灣文獻》
　　48卷1期（1997），頁103-104。並補充103至104年所收集資料。

一、家族神

依據當地口語傳說，是三百六十餘年前，原有六名堂兄弟祭祀，而後往各地發展。這時期的六房媽是同居共食的林姓家族共同奉祀的神明，因為兄弟分居使得祭祀活動的地域分布初步擴大，而且演變為「過爐」儀式開始在六兄弟子孫居住地點輪流舉行。但在早期僅限林姓信眾才能擔任爐主，主辦每年的祭祀活動；過爐除了祭祀權轉換之外，也有年度家族聚餐的功能。日治時期的文獻可以佐證六房媽為林姓家族神，在相良吉哉的記錄中，三個神明會管理人都是林姓。

另外，林姓人士近年主張，六房媽為五股各地的林姓宗族共同發起組成的神明會，以共同神明「天上聖母」為其主神。若以臺灣各地的類似例子來看，似乎言之成理；然而，目前尚未發現關於這個神明會發起過程的文獻。

二、家族神到地方神的過渡期

這階段大約是從清朝後半葉到日治時期。林姓宗族在各個地方建立聚落，跟其他姓氏（外姓）的往來增加，六房媽靈力也獲得當地信徒肯定。林姓不排斥讓外姓人士祭拜六房媽，而外姓人士也樂於協助宴請客人，即使爐主依然由林姓人士擔任，但六房媽信仰的地緣色彩卻逐漸增加。有報導人提及在日治時期，某些地方在表面上雖由林姓人士擔任爐主，但實際上是由地方有力的外姓人士擔任爐主。

隨著祭祀規模擴大後，擔任爐主宴客的花費節節高升，早已非單一姓氏群眾的財力所能負擔；相形之下，林姓的勢力也漸趨式微，甚

至必須做出讓步，由外姓人士擔任幕後的爐主。

三、地方神

　　民國 34 年臺灣光復後，漢人信仰不再受到日本政府的壓制，六房媽過爐隨即於民國 35 年恢復。此時擔任六房媽爐主的資格，成為股內信眾們關注的焦點話題，外姓人士因此提出能共同參選爐主的要求，經過五股長老開會通過後，外姓取得正式擔任爐主的權利，成員資格便擴展到以庄頭為單位，凡是先前曾有林姓擔任過六房媽爐主的庄頭，便成為這個組織的成員，往後該庄頭的所有庄民都有機會擔任爐主。例如在民國 82 年，虎尾大庄的黃保護提到，昔日大庄曾有一戶林姓人家輪值爐主，從此大庄便加入這個組織。如此，六房媽的信仰範圍真正落實到地方層次，成為「地方神」。

四、故鄉認同神

　　在臺灣工商經濟起飛的同時，農業經濟相對衰退，過剩勞動力往都市流動，以農業為主的雲林縣正是如此。六房媽祭祀活動的涵蓋範圍逐漸因為外流移民人數的增加而逐漸擴大，全臺各地信眾為奉祀六房媽而組成團體，或設立神壇、廟宇。六房媽信仰的信眾範圍擴及到移民，成為雲林移民共同信仰的對象之一。

五、普世之神

　　這個階段約跟第四階段時間相同。雲林移民建立的六房媽廟宇、神壇對各移居地的人士產生影響，使得六房媽逐漸在全臺各地獲致更多信眾敬仰，或可稱之爲普世之神。在雲林嘉義一帶，六房媽成爲地位崇高的境主神祇，跟北港媽、新港媽具有同等地位，不僅威名遠播，更吸引五股之外的信眾參與過爐祭典或來到紅壇參拜。近二十餘年來，更有各地志工團體加入參與過爐儀式的各項服務工作。

　　經由這五個階段的演變，六房媽的信眾範圍由血緣轉換到地緣，也由一個村落增加爲數十個村落、團體與廟宇。輪值制度造成儀式空間的不斷變化，無論是個人、家庭或團體，都可依自己能力所及的方式，遵循傳統或提出創新，創新元素一旦獲得採納並發揚光大，就演變成新傳統。例如，擔花擔燈、志工團體的加入，社群網路的粉絲團的蓬勃發展等等。

第四節　　祭祀協調組織的演變[8]

　　六房媽祭祀活動的重頭戲是一年一度的過爐，在爐主資格由林姓轉變爲全體庄民之後，六房媽的神格屬性也由家族神演變爲普世神。由於祭祀活動涉及五股各庄頭之間的權利義務關係，如何適度規範爐主的籌備工作、過爐儀式，以及平日祭祀活動，乃是當地老大、士紳

8　本節內容，第一段「早期會議」由林啓元執筆，第二段「祭祠管理委員會」引述自徐雨村，〈雲林縣六房天上聖母的祭祀組織〉，《臺灣文獻》48卷1期（1997），頁116-117，第三段「中華民國六房媽會」由徐雨村執筆。

所必須面對的課題。六房媽祭祀活動管理組織的演變，可區分爲三個
階段：早期會議、祭祠管理委員會、中華民國六房媽會。

一、早期會議

在民國67年成立祭祠管理委員會之前，六房媽過爐活動並無正式
的協調組織，大多由前後任爐主直接聯繫，畢竟過爐是由各地信眾共
同參與，必須妥善協調，過程若是發生衝突則必須檢討解決，以利往
後祭祀活動的推動。早期會議分有「小爐會」、「大爐會」、「老大桌會」
等三種形式，成爲六房媽過爐重要的協調機制，且延續至今日。

(一)小爐會

小爐會係指準備輪值六房媽庄頭所召開的先期籌備會議，其日
期、次數視各小爐任務完成進度而定，但必須在大爐會之前召開完
成。其參與人員有該股的老大、村里長、鄰長，必要時會邀請地方長
官、警察局、派出所共同參與出席，主要會議討論事項包括：

1. 過爐遶境路線圖的安排。

2. 接頭旗與分旗腳的地點與各負責人員。

3. 各股於遶境前的集結地點。

4. 開始分旗腳之地點、時間及帶領人員、路線。

5. 過爐遶境期間之交通指揮方式，如依據交通流暢需求，將某些
   路段調整爲單行道或禁止大型車輛進入。

6. 過爐期間之活動內容解說討論。

（二）大爐會

農曆三月的最後一個星期，爐主召集各股的老大舉行「大爐會」，但因爐主每年更換，為了能分擔爐主連絡各股的工作，於是在民國55年的大爐會設立召集人一職由張丕麟擔任，以方便各股之連繫，爐主負責在大爐會報告小爐會的討論內容，主要議題包括有：

1. 過爐遶境路線圖的安排。

2. 過爐各股陣頭藝閣擔花、燈、香擔等之排列順序。

3. 交通問題。

4. 接頭旗、分旗腳的地點。

5. 說明鳴炮起駕、移交接交人員、全體委員顧問參加過爐安座典禮時間等。

6. 其他事項之檢討。

各股人士若有意見立刻協調，直到大家都可以接受的結果為止。「大爐會」是由爐主邀請，由他負責商借場地並於會後宴請與會者。

現在大爐會由中華民國六房媽會召開會員代表大會，並於過爐日前一個月之第一星期日舉辦（依發文日為主），參與人員主要為各股的會員代表及參與協助爐主之工作人員，於會議上回答相關問題，並且會邀請其協助過爐活動進行之相關單位，如在地警察局、雲林縣警察局交通隊等參加會議。

（三）老大桌會

昔日在六房媽過爐遶境結束後，當天爐主會在紅壇準備五張桌子（八仙桌）及菜餚，每一股一張桌子，依頭香、貳香、參香、尾香順序排列，由各股推派庄內大老依自己代表的股別就座，但不管出席人數之多寡，只限坐於同一桌為準，除非到場人數較少者主動邀請其他股別分幾個人過來，否則仍是坐在專屬該股的那一桌。

在過爐日當晚的老大桌會主要目的是檢討過爐之得失及移交情形，以求明年改進。但因當天完成過爐後，馬上召開老大桌會，使得參與人數不夠踴躍，所以老大桌會的實質效果非常有限。祭祠管理委員會成立後，改為過爐後十二日內舉行檢討會取代老大桌會。六房媽會成立後再改於過爐後一個月內召開檢討會。

二、祭祠管理委員會

基於早期會議的組織鬆散，功能有限，對爐主欠缺實質幫助；加上政府在民國60年代積極要求各地廟宇成立管理委員會，妥善管理，避免鋪張浪費，催生了第一個正式組織。民國67年，過溪股大庄黃保護擔任爐主。過爐當晚，五股長老在「老大桌會」上提議成立管理委員會，以管理六房媽的公產並協助爐主辦理過爐。由於爐主每年更換，且是透過擲筊方式產生，大多對於六房媽祭祀事務不甚熟悉，若有管理委員會協助，各項工作的推動會更加順利。於是，當年老大桌會成員推舉土庫股張丕麟擔任召集人，開始展開籌備事宜。

委員會成立前先召集籌備委員會，由每股推舉二至三位熟悉六房

媽祭祀事務的人士，決定委員及顧問的名額。各股推選委員及顧問組成臨時籌備會，選出主任委員及召集人，成立「六房天上聖母祭祠管理委員會」，之所以採用「祭祠」兩個字是因為六房媽沒有專屬廟宇，不能用「宮」字所致。

委員會設委員二十一人，每股四人，多出一人是召集人，這是考慮到決議時可能需要投票，故採奇數。委員以里長為優先人選，如果某一個股的里長數多於四人，則遴選其中對六房媽事務較為熟悉者。第一屆顧問設有十人，每股二人；第二屆考慮到斗南股與過溪股的範圍較大，各再增加一人，成為十二人。委員與顧問的地區分配儘可能力求平均。

管理委員會以里長為委員，因此隨著每四年一度的里長改選而改組，重新選舉主任委員及召集人。祭祠管理委員會的第一屆至第四屆（民國67至83年間）主任委員由斗六大北勢魏景宏擔任，召集人由土庫過港張丕麟擔任。民國83年，由土庫謝永輝接任主任委員，並於96年組成「中華民國六房媽會」，祭祠管理委員會功成身退。

祭祠管理委員會每年至少開會兩次，分別是過爐前一個月召開的「籌備會」（又稱為「大爐會」），以及過爐完第十二天舉行的「檢討會」。如有五股的緊急事項必須處理，則再另行召開「臨時會」。

祭祠管理委員會所保管的六房媽財產可分為定期存款及黃金，黃金來自信眾酬謝六房媽的金牌，委員會將這些大小金牌翻造成一面大金牌，存放在銀行的保管箱；亦曾將黃金變現，成為定期存款。凡向銀行申請存入黃金或更換定存單都需有七個印章才可以辦理，包含每股一位委員及主任委員的私章，再加上管理委員會的公印（由召集人

保管）。

　　祭祠管理委員會對於各項六房媽祭祀事宜的推動，的確發揮了相當大的功效，使得爐主可以較爲容易連絡五股人士，完成祭祀工作。委員會的組織形態也使六房媽的祭祀活動與地方政治體系更加緊密結合，強化政治領袖身兼宗教事務領袖的情況。原先由地方公議產生的「老大」至此爲現代政治體系的里長所取代。

三、中華民國六房媽會

　　中華民國六房媽會係於民國96年1月6日成立，接替了六房天上聖母祭祠管理委員會，並依《人民團體法》向內政部登記立案爲全國性人民團體。由於會員人數超過三百人，採取分區選舉會員代表，每股各12名代表，並於每年召集會員代表大會。設理事27人、監事15人。理監事選舉皆採五股平均分配席次，每股各選出五席理事，再由各股理事互選常務理事一人。有鑑於全臺各地陸續成立六房媽神明會，保留兩席理事由目前已登錄的九個團體互選；再由全體理事從五席常務理事選舉一人擔任理事長。監事選舉亦由五股各選出三席監事，各股監事互選常務監事一人，再由全體監事從五席常務監事選出一人擔任監事主席。復經民國104年會員大會決議，自108年第四屆理監事會開始，理事長、監事主席的產生依「神明事由神明決定」的原則，由常務理事及常務監事分別經由六房媽聖杯指示而定。

　　基本上，會員代表、理監事即是沿襲前身祭祠管理委員會的委員、顧問，由各股的里長爲主要理事人選。各股各有五名理事，對六

房媽事務熟悉的地方人士也可出任。

目前，理監事選舉訂於每四年一度的村里長選舉之後，以切合地方政治生態變動。第一屆理監事會任期由民國96年到100年，第二屆任期由民國100年到104年。第一、二屆理事長爲土庫股謝永輝，第三屆理監事於民國104年一月選舉，由五間厝股吳錦宗擔任理事長，過溪股周森寶擔任監事主席。

中華民國六房媽會主要任務依章程明訂如下：

1. 管理祭祀神像一切事項。

2. 辦理每年過爐遶境各股配合事項。

3. 輪值爐主之選定。

4. 本會財產之管理事項。

5. 辦理過爐神像、財物移交一切事項。

6. 辦理國內社會教化與文化復興事業工作。

第五節　五股地區介紹[9]

輪值六房媽的「五股」，位於雲林縣的斗六市、虎尾鎮、土庫鎮、斗南鎮、大埤鄉境內。五股是六房媽祭祀組織的核心，具有均等權利輪流奉祀六房媽的群體。依照目前的輪值順序，分別爲斗南股、土

9　本節內容引述自徐雨村，〈雲林縣六房天上聖母的祭祀組織〉，《臺灣文獻》48卷1期（1997），頁105-109。並補充103至104年所收集資料。

庫股、五間厝股、大北勢股及過溪股（參閱圖2.5）。每股輪流奉祀一
年，每五年完成一次循環。六房媽的主要信仰地區是由大小不一的庄
頭，各股自行協商股內各個庄頭的爐主輪值順序，以及輪值當年的過
爐日宴客事宜。

　　據魏景宏表示，早年的六房媽輪值區域係以庄頭為名稱，例如斗
六的大北勢庄、斗南的崙仔、五間厝、土庫的竹腳寮等庄頭。過爐的
時候，就說從某個庄頭過爐到另一個庄頭，一直到了香客變多之後，
才有五股的名稱，但轉變成五股的確實時間已不復記憶。

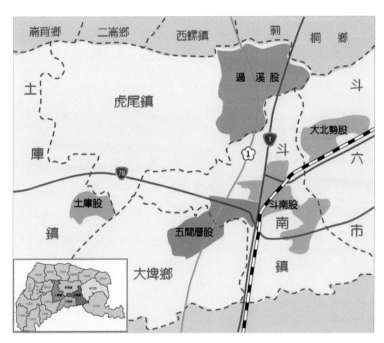

圖2.5　五股位置圖

資料來源：六房媽全球資訊網（http://ssm.yunlin.gov.tw/map/map.asp）

一、斗南股

斗南股範圍包含斗南鎮市區、東半部，以及斗六市西南角等地的七個庄頭，每逢國曆年份尾數三、八者輪值六房媽。該股原名「街頭股」，這是由於目前斗南鎮主要市區的六個里，早年參加六房媽祭典的庄頭，僅有明昌里的五間厝（屬於五間厝股），以及東仁里一帶的「街頭」──街道上太陽升起的那一端，即斗南鎮中山路以東的部分（圖2.6）。民國60年代初期，名稱改為斗南股，斗南市區其他四里也

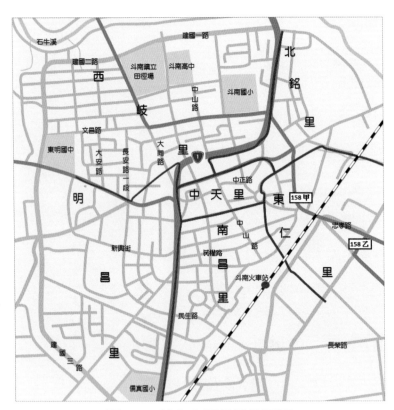

圖2.6　斗南市區各里位置圖

（街頭〔中山路以東〕為原先街頭股斗南小爐所在位置，
明昌里〔圖示部分為五間厝〕則屬五間厝股）

在73年漸次加入。

民國62年原在斗南股範圍的大東庄頭要求於63年擔任爐主，但本股已按照原先的小爐輪值順序決定由新厝仔輪值；經過五股長老開會仍維持原議，爲此大東宣布退出斗南股，成爲民國34年以來唯一退出五股的例子。63年斗南股擔任輪值股，在斗南市街的遶境範圍擴大爲東西大街；同年，新厝寮獨立爲一個小爐，自此斗南股分爲五個小爐。到了73年斗南市街的遶境範圍更包含大小街道。

爲安排股內的輪值順序，斗南股分爲五個小爐，每25年完成一次股內循環。五個小爐分列如下（圖2.7）：

斗南小爐：斗南市區（東仁、西歧、南昌、北銘、中天等五里）。

新厝寮小爐：新厝寮（斗南鎮新光里）。

烏瓦磘小爐：烏瓦磘（斗南鎮東明里）、新厝仔（斗六市江厝里）。

崙仔小爐：崙仔（斗南鎮阿丹里）、崙仔寮（斗南鎮新南里）。

將軍崙小爐：將軍崙（斗南鎮將軍里）。

其中，烏瓦磘小爐及崙仔小爐各有兩個庄頭，自行協議小爐內部的輪值次數。原則上，每三次輪值機會（75年）由烏瓦磘庄、崙仔庄分別輪值其中兩次，規模較小的新厝仔、崙仔寮則分別輪值一次。

自民國99年起，顏守韓運用GIS系統定位六房媽鑾轎的遶境路線，至今已收集完成民國99年至103年的六房媽過爐路線（參見附錄二）。如圖2.8所示，103年過爐由過溪股頂惠來紅壇出發，沿臺一線南下至斗南股，依序經過新厝寮（新興宮）、烏瓦磘（保安宮）、新厝

圖2.7　斗南股庄頭位置圖

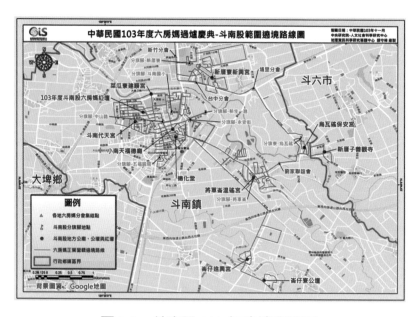

圖2.8　斗南股103年遶境路線圖

資料來源：顏守韓提供

仔（善觀寺）、將軍崙（溫碡宮）、崙仔（進興宮）、崙仔寮（公壇）、
斗南（小南天福德廟、德化堂、代天宮、建順宮）等庄頭。

二、土庫股

　　土庫股位於土庫鎮的東南側，每逢國曆年份尾數四、九者輪值六房
媽。該股共有土庫街、過港、竹腳寮三個庄頭，每個庄頭為一個小爐。
三個小爐依序輪值，每15年完成一次循環。

　　竹腳寮小爐：竹腳寮（溪邊里）。

　　土庫小爐：土庫市區（順天、宮北、忠正三里）。

　　過港小爐：過港（越港里）。

圖2.9　土庫股庄頭位置圖

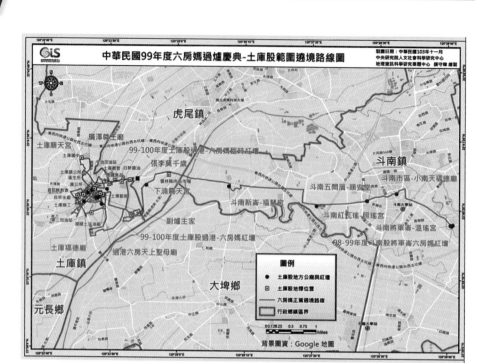

圖2.10　土庫股99年遶境路線圖

資料來源：顏守韓提供

　　如圖2.10所示，民國99年過爐由斗南股將軍崙舊紅壇出發，途經斗南市區，至斗南新崙為過路香，過土庫大橋、下南，進入土庫股範圍，經竹腳寮（金府宮）、土庫街（順天宮）、過港（六房天上聖母廟），進入過港臨時紅壇安座。

　　據耆老說法，土庫股原名為「竹腳寮股」，日治時期是由竹腳寮、過港、舊廍庄、三合庄等四個庄頭組成，但舊廍庄、三合庄不輪值爐主。每當該股輪值過爐遶境時陣頭隊伍尚未抵達此二庄頭，往往會被前面遶境完成的庄頭帶往分旗腳了。這二庄頭並未輪值爐主，過爐時又無法感受到熱鬧氣氛，而只是協助宴請旗腳，因此舊

廊庄、三合庄老大向當時越港保正林昭頂提出抗議無效後，退出過爐活動。此後由林昭頂邀請土庫街仔三保的信眾加入輪值活動，將原本的「竹腳寮股」改稱「土庫股」。此後，每逢土庫股五年一度輪值六房媽，舊廊及三合就會於農曆十月謝平安時迎請六房媽作客。[10]

三、五間厝股

五間厝股範圍為斗南鎮市區西南側的明昌里，以及大埤鄉東北角的三結村，每逢國曆年份尾數五、十者輪值六房媽。目前依據這個行政區劃，分為兩個小爐，每個小爐各有三個庄頭。

五間厝小爐：二重溝、五間厝、紅瓦磘（斗南鎮明昌里）。

埤頭小爐：埤頭、中埤頭、頂埤頭（大埤鄉三結村）。

早年，五間厝庄由於接近市區，人口較多、經濟條件較佳，因此做為「股心」，負責在本股輪值六房媽時，宴請其他四股之中的一股半；其他五個庄頭做為「股腳」，各宴請半股。這種方式一直持續到民國80年，才變成兩個小爐平均分攤，各宴請兩股，輪值權利也成為六個庄頭依序輪流，30年完成一次股內循環。

---

[10] 本段資料由林啟元提供。

圖2.11　五間厝股庄頭位置圖

圖2.12　五間厝股100年遶境路線圖

資料來源：顏守韓提供

如圖 2.12 所示，民國 100 年過爐由土庫過港舊紅壇出發，途經新崙，至紅瓦磘（照瑤宮）進入五間厝股，經由五間厝（順安堂、順安宮）、二重溝（真武殿）、埤頭（泰德堂）、中埤頭（玄武宮）、頂埤頭（泰德殿），進入頂埤頭臨時紅壇安座。

四、大北勢股

大北勢股位於斗六市的西邊，每逢民國年份尾數一、六者輪值六房媽。該股共有兩個里五個庄頭，採取的輪值方式並非「小爐制」，而是「股心股腳制」。

股心：大北勢（斗六市長平里）。

股腳：保長廊（中庄、下厝、頂庄）（保庄里）、林仔頭（長平里）。

這種分類方式類似民國 80 年之前的五間厝股。大北勢股擔任輪值股時，大北勢必須宴請兩股半，保長廊及林仔頭則分別負擔一股及半股。大北勢股以此比例，分配各庄頭輪值爐主的次數。目前輪值以 20 年為計算單位，共計五次，大北勢可輪兩次半，保長廊一次，林仔頭半次。但是，由於爐主都是一任到底，並沒有半次可言；因此林仔頭與大北勢可以協議，由前者先「借」半次給後者，在下一個 20 年再「還」給前者。如此在每 40 年八次的機會之中，石厝林仔頭僅得一次，保長廊兩次，大北勢則有五次。因此大北勢成為輪值六房媽爐主次數最多的庄頭，平均每八年有一次。

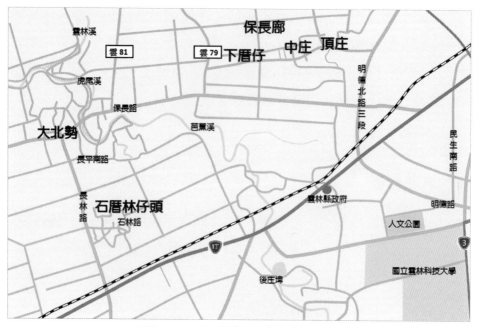

圖2.13 大北勢股庄頭位置圖

　　如圖2.14所示，民國101年過爐由五間厝股到大北勢股，從頂埤頭舊紅壇出發，途經新庄小西天廟為過路香，經過味全斗六廠平交道進入大北勢股範圍，遶境經由石厝林仔頭（進天宮）、保長廊（保清宮、保玄宮、公壇）至大北勢（天聖宮、文財神祖廟），進入臨時紅壇安座。

圖2.14　大北勢股101年遶境路線圖

資料來源：顏守韓提供

五、過溪股

　　過溪股位於虎尾鎮的西半部，介於新虎尾溪與虎尾溪之間的四個里，每逢國曆年份尾數二、七者輪值六房媽。該股共有十六個庄頭，其中有十三個庄頭具備杯選爐主資格，為五股之中庄頭數目最多者（參閱圖2.15）。如同五間厝股，以行政區劃做為小爐的單位，本股的小爐名與里名相同，列舉如下：

圖2.15　過溪股庄頭位置圖

下溪小爐：大庄、三塊厝。

中溪小爐：溪埔廍、下竹圍、汕尾、中興。

頂溪小爐：頂過溪、頂竹圍、崁仔腳、下過溪。

惠來小爐：下惠來、大路墘、頂惠來。

遶境路線途經虎尾鎮頂溪里西園，以及惠來里的新吉庄、東光寮等庄頭，尚未列入可參加杯選爐主的範圍。頂溪小爐的半路店尚無頭旗，目前參與下過溪的神明慶典及杯選六房媽爐主。

由於庄頭數目較多，每個庄頭必須等待40年甚至80年始能輪值一次，偶而會產生兩個庄頭對於擔任爐主的權利相持不下，不得不同

時參選的情形。例如民國77年輪到頂溪小爐，由下過溪與崁仔腳的信眾同時參選爐主，結果由崁仔腳的邵春良當選。

　　圖2.15所示的中興及半路店以往皆稱「半路店」，以中溪路為界，以西屬中溪里、以東屬頂溪里。民國92年由中溪小爐輪值，原規劃由汕尾及半路店（中溪里部分）共同參選爐主，但協調結果僅由汕尾參選。事後半路店（中溪里部分）向委員會申請成為獨立的輪值庄頭，改稱「中興」。頂溪里部分依然維持原稱「半路店」。

　　據民國102年過爐的遶境路線圖，隊伍從大北勢股大北勢的舊紅壇出發，經臺一線省道北上，至斗南鎮與虎尾鎮交界進入過溪股範圍，至萬善堂左轉，沿途經過下溪小爐、中溪小爐、頂溪小爐、惠來小爐各庄頭，進入頂惠來臨時紅壇安座。

圖2.16　過溪股102年遶境路線圖

資料來源：顏守韓提供

第六節 各地分會及股外範圍[11]

在五股以外的六房媽信眾，陸續以六房媽爲主神，組成了神壇、神明會或廟宇。這些信眾有些是六房五股人士，遷居各地繼續奉祀六房媽。有些則是各地受到六房媽德澤，或是自動參加當地六房媽神壇或廟宇。據林建熏表示，六房媽的北部組織有些是雲林鄉親，有些是跟聖母結緣。雲林鄉親包括內湖六房媽會曾永章本身是斗南烏瓦磘人、新竹六房媽會陳興洲是土庫人、臺中六房媽會的黃義村是大埤三結村人、埔里六房媽會則是由斗南曾樹枝開基、烏日賢德宮陳先生是土庫人，以及汐止二聖宮黃復廉是斗南人。結緣者包括基隆清聖宮黃先生、板橋朝聖宮黃朝平、桃園眞圓宮林樹皮等。

近年來，中華民國六房媽會積極輔導各地六房媽會立案成爲宗教社團，例如：埔里六房天上聖母會、新竹六房媽會、臺中市六房媽會、竹塹六房媽會等。他們不僅參加過爐，也參與六房媽紅壇建置過程的動土、上樑儀式。相對地，中華民國六房媽會的領導層及執事人員也受邀參與各地六房媽會的活動。

以下舉出臺中市六房媽會、埔里六房天上聖母會、新竹六房媽會、嘉義大林、雲林地區其他宮廟等地的例子說明，並介紹六房媽正駕北巡及南巡活動。

---

[11] 本節引文及第一、二段由徐雨村執筆，第三至五段由黃漢偉執筆，第六段由徐雨村執筆北巡部分，林啓元執筆南巡部分。

一、臺中市六房媽會

臺中市六房媽會創會會長黃義村幼年住在大埤鄉，就曾參與過爐。他表示：「在88年有一個機緣，六房媽說有一個劫數，希望我不要前往雲林；但跟妻子討論之後，依然決定要去。在員林收費站附近就發生車禍，所幸沒有受傷」。三天過後，黃義村到紅壇向聖母答謝，表示如有因緣，願意供奉六房媽。當時住在三義的賴姓叔叔拿了一塊木頭給他父親，他覺得這是聖母的意思，於是就雕成六房媽，原先在廟內奉祀，後來變成該會的開基媽。當時黃義村在中平里擔任社區理事長，92年成立臺中市六房媽會，97年申請立案。

地方上年滿20歲的信眾都可成為臺中市六房媽會會員，現有400多位會員，理監事25位，目前建有固定的紅壇及會館，地址是烏日區五光路復光六巷。每年在正月舉行開春，招待街友；二、三月會恭迎六房媽來遶境；四月參加六房媽過爐、祭祖；七月舉行普渡，籌備步行前往雲林的活動。

臺中市六房媽會紅壇（徐雨村攝 2014/10/12）

臺中市六房媽會紅壇內壇（徐雨村攝 2014/10/12）

二、埔里六房天上聖母會

　　埔里六房媽是由出身斗南、前往埔里居住的曾鈴錫父親曾樹枝帶去的神尊，現任主任委員曾木春是曾鈴錫的長子。在民國75年決定要「落公」，就把原始的那尊六房媽留在曾家奉祀，再雕一尊新的六房媽讓會員輪值。雖然曾經一度討論要建廟，但是爐主向六房媽稟告，祂指示依然要跟爐主走，於是就維持原本過爐形式，沒有蓋廟。

　　埔里六房媽會依循雲林的傳統，採取爐主制，會員有300多人，由會員自願登記杯選爐主、副爐主，每年大約有十人登記。爐主必須負責搭建紅壇供奉六房媽，全部會員都可卜杯請四大將公回家奉祀。

　　每年埔里六房媽會皆會前往雲林參加過爐，信眾會先將原本請回家中奉祀的四大將公請回紅壇，再一起前往。埔里六房媽會每年於農曆六月初五辦理過爐，前一日或當天前往雲林紅壇迎請六房媽老副駕前來，下午兩點舉行遶境，由舊紅壇前往新的臨時紅壇，會事先選擇幾條埔里市區的路線，再由六房媽選擇其中一條。

埔里六房媽臨時紅壇（徐雨村攝 2014/7/1）

埔里六房媽臨時紅壇內壇（徐雨村攝 2014/7/1）

三、新竹六房媽會

後起的新竹分會於98年成立，發起人陳興洲[12]在民國70年代因經濟因素至新竹發展，在雲林紅壇求得六房媽大符一道，並安符置爐奉祀六房媽，待經濟好轉後發願迎請六房媽神靈至新竹地區。遂於100年於雲林頂埤頭紅壇迎請六房媽副駕[13]至新竹的臨時紅壇開始招募會員[14]，形式上仍以神明會的方式經營，自行決選爐主並每年過爐至爐主家的臨時紅壇。

四、嘉義大林地區

嘉義大林地區的信眾，傳說是因爲洪災泛濫而移居至古坑與大林一帶的「第六房」，分布的七個庄頭包含古坑鄉的山豬窟、溪底寮、崁腳，以及大林鎮的中林、中坑、上林與沙崙等地。[15]如今在中林，除了祭祀「松樹尊王[16]」的庄頭廟「永壽宮」會於農曆10月18日松樹尊

[12] 2012年擔任新竹六房媽會的理事長。

[13] 當時迎請六房媽的副駕「天尊」。

[14] 目前新竹六房媽會並不限制信徒身分與人數，但是分會的會員人數限制在120人，需擲筊三允杯方能加入。

[15] 引述自徐雨村，〈雲林縣六房天上聖母的祭祀組織〉，《臺灣文獻》48卷1期（1997），頁110；周益民，《大林鎮宗教變遷的社會史分析》，南華大學亞洲太平洋研究所碩士論文（2000），頁68-69。

[16] 2011年，黃漢偉前往大林地區固定日期間，六房媽與松樹尊王的神轎在遊庄之後，都迎回永壽宮。該宮廟的神龕楹聯的左右句首以「聖」、「母」作開端，曾以此詢問廟方主委，主委表明並不確知松樹尊王的由來，有信眾認爲松樹尊王爲六房媽的四位兄弟，推估乃是信徒的個人說法。有關松樹尊王的傳說可參閱周益民，《大林鎮宗教變遷的社會史分析》，南華大學亞洲太平洋研究所碩士論文（2000），頁68-69。

王聖誕，定期迎請紅壇六房媽前往巡庄、犒兵外，庄內六房媽信仰僅是四個角頭佛仔之一。雖然已經不列入五股的範圍，也不在輪值的候選名單中，但也因為昔日的這段淵源，使得古坑與大林都享有迎請六房媽正駕的固定日權利。[17]

對照六房五股的傳說，位於虎尾溪崙仔地區堂兄一房被大水沖散形成今存的五股樣貌，溪水氾濫所導致的遷徙成為大林地區信徒的共同記憶。地方人士對於傳說中某些版本的說法出現「倒房」一詞表示「沒有倒房」的事實。[18]目前有關退股的說法多為分旗腳制度的經濟負擔甚鉅，地方無法負擔而提出退股。[19]

當地信眾曾於民國34年左右要求恢復成為一股，繼續輪值六房媽，但回返股內牽涉甚廣[20]，將影響現今執行過爐順位的次序，且地理位置距離其他五股甚遠，在沒有其他替代方案與討論之下，目前仍被排拒在外。現在大林的信徒每年都會迎請六房媽參加當地的慶典。

五、雲林地區其他宮廟

而在雲林地區，五股範圍內除了過港六房天上聖母廟同為祭祀六房媽的宮廟之外，虎尾頂過溪的聖母宮於民國73年間成立建廟籌備

---

[17] 2009年，根據中華民國六房媽會決議，六房媽正駕神像不再接受民眾迎請，原本具迎請資格的單位改為具迎請紅壇老副駕的優先權。

[18] 黃漢偉在2011年10月14日訪於嘉義大林。

[19] 黃漢偉在2011年10月14日訪於嘉義大林。

[20] 大林地區重返股內的討論，除了考量五股與大林的兩地距離之外，在於加入新的一股勢必引發所有庄頭輪值順序的變動，以及輪值間隔時間的延長，由於攸關所有庄頭的權益，因此多年以來一直懸而未解。

會，奉祀六房媽、清水祖師與形府千歲[21]，庄內居民募款籌措遂於75年完工，成為當地庄頭信仰中心[22]。另外，五股內亦有規模較小的宮壇主祀六房媽，如虎尾朝興宮，乃是過爐之後副爐主所供奉的六房媽另外開宮而起。而較為特別的是西螺正興宮，主祀三太子並配祀有雕塑於民國50年的六房媽，且享有迎請正駕的固定日優先權。根據廟方說法，西螺世家林廣合家族中林恆生的祖先曾迎請六房媽來治病，康復後發願每年九月會為六房媽私家作戲，並請往來鄰人一同熱鬧；光復後，林家全權委託正興宮主辦，遂由地方各宮壇出陣頭遶境廣興、埤頭與大園等地，成為當地盛事。

六、六房媽北巡及南巡

有鑑於六房媽正駕年代久遠，從99年起不再接受庄頭或個人迎請，而是鎮殿於紅壇之內。民國101年12月29日至31日，中華民國六房媽會應北部信眾的邀請，舉辦了第一次北巡活動，迎請六房媽正駕前往雲林以北各個奉祀六房媽的宮壇廟宇，供信眾就近參拜，也藉此發揚六房媽名聲。這次北巡的行程及停駕廟宇如下：

12月29日出發，烏日賢德宮、苑裡宏濟宮、新竹六房媽會紅壇、林口竹林山寺、板橋朝聖宮（駐駕）。

12月30日，桃園圓真宮、南港順天宮、內湖六房媽會駐駕，人

---

[21] 形府千歲為聖母宮所示的配祀神名稱，至於其與「刑府千歲」的異同則有待考證。

[22] 引述自黃蘭櫻，《雲林縣寺廟文化專輯》（斗六：雲林縣政府，1995），頁123。

員夜宿松山慈惠堂。

12月31日，基隆清聖宮、竹塹六房媽會，返回到達斗六市味全公司工廠（石厝林仔頭南方），遶境兩公里後回紅壇安座。

民國104年12月5日至6日，中華民國六房媽會舉辦第一次南巡活動，迎請六房媽正駕前往雲林縣、嘉義縣境內有固定迎請六房媽庄頭，此次遶境地區如下：

12月5日，虎尾鎮三合里舊廍、西螺地區（公館、三源、廣興、埤源、藍厝、西螺市區、駐駕正興宮）。

12月6日，莿桐鄉天樞院；古坑鄉溪底寮、山豬堀、崁腳；嘉義縣大林鎮沙崙、中坑、田寮、上林、中林。

104年六房媽南巡，鑾轎抵達大林鎮中林，信眾萬人空巷盛情迎接（高建中攝2015/12/6）

第 3 章

神尊與爐主

第一節　六房媽與四大將

　　基於信仰的需要，許多宮壇廟宇或信眾都會各自奉祀其六房媽神像。然而，信眾最關注的仍是每年隨過爐儀式而輪祀，屬於五股信眾共有的六房媽及其配祀神像。這些神像具備公認的靈力，而且是五股範圍之內的境主神，其地位高於五股各庄頭的庄神。五股各庄頭與信眾都可以依其需要，事先向爐主申請迎請六房媽。五股各庄頭如果要興建新的庄廟時，必定迎請六房媽前往「踏地基」，確定新廟主神的座向位置。庄頭大多在當地重要神明慶典時，會迎請六房媽前往參與並遶境；信眾個人則會因為家中喜慶，以私人名義迎請六房媽到家宅祭拜祈願，或是在需要處理家戶問題時，請本庄其他神明的乩童借給六房媽暫用，稱之為「借乩」。

一、六房天上聖母神尊

　　六房媽及其配祀神像共有十一尊，包含一尊「正駕」、六尊「副駕」，以及四尊「四將公」。正駕與副駕都是六房媽的神像，由值年爐主負責供奉。「正駕」又稱「老媽」，相傳已有三百六十餘年的歷史，是臺灣年代最久遠的六房媽塑像。但這尊神像已有朽蝕，經常搬動可能導致毀損，為減少正駕外出次數，並供信眾迎請方便等緣由，六房媽祭祠管理委員會在民國71年增塑第一尊公有的六房媽分身，稱為「副駕」。從此，六房媽神像就有正駕與副駕之別。副駕不僅是正駕的分身，在信眾心目中，副駕的靈力次於正駕。因此，正駕依然是各庄頭想要迎請的對象，特別是五股各庄頭的重大神明慶典。

　　到民國81年，管理委員會又決議增塑五尊「副駕」。為了便於辨識與區別，在這五尊神像的底座左前角及右前角分別刻上「房」、「天」、「上」、「聖」、「母」等五個字，稱為「房尊」、「天尊」、「上尊」、「聖尊」、「母尊」（如下圖）。先前在民國71年雕塑的神尊稱為「老副媽」或「六尊」，但不再刻字。依據89年實施的神駕迎請規定，信眾及五股之外的各庄頭迎請六房媽以「副駕」為限，五股各庄頭繼續維持在神明慶典時迎請正駕的權利。到了民國99年復經五股決議，正駕除了過爐日在輪值股遶境之外，平日鎮殿在紅壇內，不再接受信眾或庄頭迎請。

　　除了前述的公有神像之外，信眾或廟宇的六房媽的神像都是自行雕塑的，信眾若想在家裡或宮壇廟宇供奉六房媽，須到輪值紅壇取得六房媽同意後，再商請雕刻師傅刻製一尊神像，送到輪值紅壇舉行「開光點眼」儀式。

「房尊」神像底座雕刻（林啟元攝於土庫紅壇）

母尊	上尊	房尊	正駕	老副媽	天尊	聖尊
順風耳	武將公				文將公	千里眼
		鎮殿媽				

圖3.1　六房天上聖母神尊及其配置圖（民國103年斗南股臨時紅壇）

攝影：徐雨村 2014/5/11

二、四大將神尊

「四將公」又稱「四大將」，為「文將」、「武將」、「千里眼」、「順風耳」四尊神祇的合稱。這四尊神祇所在位置，隨著過爐時程聚合再分散。聚合，是指四大將在農曆四月初一請回紅壇準備參與今年的過爐活動，過爐之後再於臨時紅壇、紅壇一直駐駕12天；分散，則是除了過爐前後的這幾天外，四大將分別在非輪值股，由各股最近卸任的爐主或副爐主負責奉祀，每年輪替一次。剛完成輪值六房媽的那一股先輪值「文將」一年後，再輪值其它三尊，直到六房媽又回到本股，才完成一次循環。這樣的安排使得五股都有六房媽的神將駐守，昔日交通不甚便利時，各股的信徒可以就近祈求平安，使得爐主與六房媽的關係不致突然中斷。隨著該股新任爐主的杯選及接任，該股信徒與六房媽的關係又逐漸回到高峰。

早年各股信眾可於過爐後的第12天零時起，最先到爐主家中的信徒就可以迎請四大將回家祀奉一年。[1]而後才改由卸任爐主或副爐主依序迎請四大將。

據林啓元研究，天上聖母因受封為天后，因此各項祭祀規格均採用帝后的規格與制度。在各大媽祖廟中可以發現，廟中除了有千里眼、順風耳二位將軍外，會有其它的挾侍宮娥神祇，為媽祖保管懿璽及尚方寶劍，這把劍就代表皇帝旨意，是權力和榮譽的象徵，享有先斬後奏的特權。六房媽神尊旁的文將、武將神尊，也正是如此。另外從神尊的腳部雕刻呈現出三寸金蓮女性神尊的特徵造形，因此推測文

1　根據土庫股林佑惠報導，他於民國48年曾幫老闆將四大將請回紅壇（林啓元2015年9月15日訪問）。

將、武將可能是女性神祇。[2]

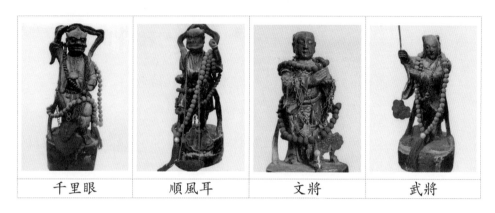

| 千里眼 | 順風耳 | 文將 | 武將 |

第二節　爐主的產生與任務

六房媽爐主的產生，首先由各股依據昔日輪值紀錄，來安排股內各庄頭的輪值順序，各個庄頭的庄民也重視輪值六房媽的權利，都會預先計算、設想自己的庄頭會在哪一年輪值六房媽。來年爐主的產生固定於每年農曆二月的第二個星期日，由明年四月輪值六房媽的那一個小爐舉辦「杯選爐主」，事前彙整參選爐主名單及完成資格審查。在「杯選爐主日」，明年度輪值庄頭的信眾會前往紅壇恭請六房媽神尊回來，由六房媽會理事長擲筊，由獲得最多聖杯數者當選爐主。

據耆老的說法，在日治時期爐主只有林姓信眾才有資格擔任爐主，到了光復後，為了擴大香柱才逐漸廢除這項規定，讓外姓居民也

2　目前「武將」手持兵器而非尚方寶劍，可能於早期迎請時毀損而曾被替換。經林啓元比對相似造形神像並採訪相關藝師，推估武將的手部曾經置換、修補，其武器或有可能已經被更換。

可參與爐主的杯選，而自民國35年以來，五股內擁有擔任爐主資格權利的庄頭數目變動極少，換句話說，能參與六房媽輪值的庄頭是一個封閉的成員資格，也排除讓股外其他庄頭取得這項權利。

擔任六房媽爐主除了保管神尊外，其主要任務有[3]：

1. 管理紅壇

六房媽沒有廟宇，每年更換地點的六房媽紅壇就如同廟宇一樣，但有別於一般廟宇多由管理委員會聘請專責人員（廟祝）管理，六房媽紅壇是由爐主全權管理。

2. 紅壇的經營

紅壇爐主年年更換，其身分背景、行事作風也都不相同，因此爐主的經營方式可能會影響紅壇收入，諸如香油錢等。

3. 爐主自負盈虧

爐主負責出資籌備過爐，包含建造紅壇、搭建臨時紅壇、宴請隨香人員及所有紅壇的開銷等。依慣例信眾在紅壇所添的香油錢由爐主收取，形成爐主自負盈虧的制度。

---

[3]　周揚珊，《六房媽過爐民俗之研究》，雲林科技大學文化資產維護系碩士論文，2008。

第三節　爐主的傳承與服務

六房媽爐主經杯選產生後，首先需經歷一年二個月的實習籌備過程，如表3.1所示，這個過程包括過爐見習、過爐監交（移交）、紅壇動土、紅壇上樑、興建紅壇、改善交通及停車設施，以及統籌人力動員等。在這段籌備期間的爐主一般稱為「來年爐主」或「準爐主」。到了第二年準備舉辦過爐的爐主則改稱「新任爐主」或「新爐主」，恭請六房媽回紅壇祭祀一年。接下來爐主工作交接給下任「新爐主」之後，則稱「卸任爐主」或「舊爐主」（歷屆爐主名單參見附錄三）。在第三到第七年依序輪值文將、武將、千里眼、順風耳，直到六房媽再次輪回到本股舉辦過爐為止，才完成全部任務。這一個循環需要六年多的時間，並不像一般村廟的爐主僅擔任一年，也不是杯選完畢，就能立刻將神明過爐請回家中奉祀，而必須經過長期籌備。

以下，就從一位六房媽爐主的產生、籌備過程為主軸，深入瞭解六房媽爐主的角色及工作內容。

一、爐主參選資格

爐主杯選由明年度輪值庄頭的里長或庄廟的主任委員主辦，由他委託鄰長到各家徵詢意願、彙集參選者名單，並主辦說明會，商請中華民國六房媽會理監事及秘書長說明。參選六房媽爐主的主要資格限制是須設籍於輪值庄頭，沒有性別限制，自從民國83年斗南股陳張忍成為首任女性爐主，至今已有六位女性爐主（如表3.2所示）。但大部分女性爐主多為全家人的代表，家中男性成員也協助過爐工作，扮演

表3.1　爐主從杯選到卸任甘特圖（月份為農曆）

工作項目		1月	2月	3月	4月	5月	6月	7月	8月	9月	10月	11月	12月
第一年	杯選爐主、監交		■	■	■								
	紅壇動土上樑					■	■	■	■	■	■	■	
	交通設施改善										■	■	■
第二年	交通設施改善	■	■										
	臨時停車場所	■	■										
	杯選過爐日												
	路線旗腳規畫		■	■									
	籌備會			■									
	設置臨時紅壇			■	■								
	過爐日				■								
	擔任六房媽爐主				■	■	■	■	■	■	■	■	■
第三年	擔任六房媽爐主	■											
	點交給下任爐主				■								
	輪值文將公					■	■	■	■	■	■	■	■
第四年	輪值文將公	■	■	■									
	輪值武將公					■	■	■	■	■	■	■	■
第五年	輪值武將公	■	■	■									
	輪值千里眼					■	■	■	■	■	■	■	■
第六年	輪值千里眼	■	■	■									
	輪值順風耳					■	■	■	■	■	■	■	■
第七年	輪值順風耳	■	■	■									
	任務完成				■								

積極角色。例如，83 年陳張忍以及 92 年林招都由其兒子協助；85 年吳陳純、95 年黃淑芬、101 年宋切、102 年林也合則皆由丈夫協助。

有些輪值庄頭相當重視參選爐主的候選人必須實際參與過爐，附加的條件是上次過爐曾經參與「輪旗腳」；也就是在四年前該股過爐時，曾出資宴請來自其他四股的陣頭、公事隊伍與香客（詳見第四章）。地方認為，這顯示該名參選者在當地長住，且樂意參與六房媽過爐事宜。

爐主是由六房媽杯選產生，只要符合資格的信眾皆可報名參與杯選。但參選六房媽爐主是件人生大事，需要動員大量人力物力，人們總會衡量自己所能動員的後援力量，才會決定是否參選。昔日的六房媽爐主多半由村中旺族代表出任，這是由於當時所能動員的人力大多是自家親友，在家宅公廳設置簡單的紅壇，而且早年的爐主所收得的香油錢有限，是不計回饋、報酬的工作。

根據最近三十年的爐主資料（表3.2）顯示，從73年到92年間的20 位爐主在擔任爐主前的工作，有半數為自耕農（12 人），其他非農業者也有兼營農業的情形。這段期間的爐主大多是由人力較多的家族代表。93 年之後的爐主無人以農業為主業，這段期間的紅壇規模大型化，且農村勞動力老化，使得商人階層在參選爐主方面具備優勢，他們習慣工商社會的人力動員與組織模式。

在中華民國六房媽會成立之後，將該會與爐主的關係定位為委託代管關係。爐主杯選由該會協辦，在杯選登記前辦理說明會，讓村民瞭解爐主的角色及權利義務，以及提供擔保的規定。參選爐主者必須由一位或多位保證人提供總額一千萬元以上的擔保，同一保證人可對

表3.2　民國70年到103年六房媽爐主性別及擔任爐主前工作一覽表

年分	股別	庄頭名	爐主名	性別	擔任爐主前工作
70	五間厝	頂埤頭	徐定洲	男	無資料
71	大北勢	大北勢	石安靜	男	無資料
72	過溪	下竹圍	周番江	男	無資料
73	斗南	將軍崙	林富雄	男	農：自耕農
74	土庫	竹腳寮	鄭贊賀	男	農：自耕農
75	五間厝	二重溝	張國村	男	無資料
76	大北勢	大北勢	高炎同	男	農：自耕農
77	過溪	崁仔腳	邵春良	男	農：自耕農
78	斗南	斗南	張金坤	男	公：鎮民代表
79	土庫	土庫	郭建太	男	商：碾米廠老闆
80	五間厝	下埤頭	張英一	男	農：自耕農
81	大北勢	大北勢	石清爐	男	工：大同公司
82	過溪	大路墘	林振茂	男	農：自耕農
83	斗南	新厝寮	陳張忍	女	家管
84	土庫	過港	鄭瑞雄	男	農：自耕農
85	五間厝	五間厝	吳陳純	女	商：瓦斯行
86	大北勢	保長廊	張保吉	男	農：自耕農
87	過溪	三塊厝	陳永福	男	商：道路工程
88	斗南	烏瓦磘	曾益發	男	商：豬肉
89	土庫	竹腳寮	林麗崑	男	農：自耕農
90	五間厝	中埤仔	蔡幸男	男	農：自耕農
91	大北勢	林仔頭	石基進	男	農：自耕農
92	過溪	汕尾	林招	女	農：自耕農
93	斗南	崙仔	盧三喜	男	公：里長
94	土庫	土庫	邱昆柱	男	商：營造
95	五間厝	紅瓦磘	黃淑芬	女	教：幼教
96	大北勢	大北勢	楊財中	男	商：工程營造

年分	股別	庄頭名	爐主名	性別	擔任爐主前工作
97	過　溪	半路店	林春年	男	工：貨運
98	斗　南	將軍崙	陳錦雲	女	商：裁縫
99	土　庫	過　港	陳建彰	男	商：遊戲材料
100	五間厝	頂埤頭	徐文欽	男	商：汽車美容
101	大北勢	大北勢	宋　切	女	家管
102	過　溪	惠來厝頂庄	林也合	女	家管
103	斗　南	斗　南	沈武榮	男	商：布袋戲班主
104	土　庫	竹腳寮	林文三	男	商：營造業

資料來源：田野訪談

多位爐主參選人提供擔保。因此，並非有錢人才能參選爐主，只需找到具相當財產的擔保者即可。目前六房媽會提供新任爐主上限三百萬元的低利貸款，自簽約之後可借貸至爐主卸任前的3月30日止。

二、杯選爐主儀式

民國101年3月3日，徐雨村參與在過溪股虎尾鎮惠來里頂庄的杯選爐主儀式。地點在庄廟晉天宮，主神為李府千歲。依據當時晉天宮貼出的公告（如下圖）顯示，杯選爐主的報名工作早在杯選日四個月前就展開。報名時間從民國100年的12月14日到101年1月13日（農曆11月20日至12月20日）截止，為期一個月。報名條件是設籍及居住本庄五年以上，曾請過旗腳者；也就是，最晚在民國95年就已設籍定居在惠來厝頂庄的村民，必須曾在民國97年過溪股擔任輪值股的那次過爐中宴請旗腳者。杯選儀式舉行前一天，惠來厝頂庄迎請六

房媽前來作客，就安置在村廟鎮殿主神李府千歲的龍邊（如下圖）。

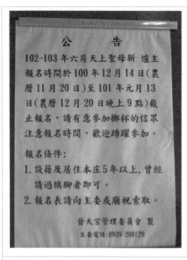

晉天宮公告六房媽爐主杯選事宜（徐雨村攝 2012/3/3）	在晉天宮內壇的鎮殿李府千歲（中）、迎請坐鎮的六房媽副駕（右）（徐雨村攝 2012/3/3）

　　當天杯選儀式由中華民國六房媽會理事長謝永輝主持，首先由主持人、惠來里里長、過溪股常務理事、秘書長、參與杯選的善信共同舉行團拜，司儀宣讀疏文如下：

六房天上聖母過溪股惠來里頂庄小爐

杯選癸巳年民國一○二～一○三年爐主

團拜儀式

　惟

天運歲次壬辰年農曆二月十二日下午一點，奉六房天上聖母指示：擇
於惠來里頂庄晉天宮杯選民國一○二～一○三年（癸巳年）值年爐主。
恭請六房天上聖母聖駕駐駕晉天宮作主鑒杯，庇佑杯選爐主工作一切
圓滿，癸巳年一○二～一○三年過爐慶典平安順利、圓滿成功。

參加爐下弟子信女名單：（略）

再次恭請六房天上聖母聖駕慈悲作主，今天杯選爐主一切圓滿成功。
全體虔誠敬意行三敬香禮。一拜、再拜、滿拜。

禮成　鳴炮

接下來主持人在廟前的拜亭內，站在塗覆紅漆的板凳上，面向廟
內的六房媽，雙手捧著一疊壽金，上面平放神筊一對。由司儀依據報
名清單逐一唱名，由主持人將壽金向前方翻轉，使神筊往前掉下。神
筊掉落地面停止後，如為一正一反的聖杯，則繼續擲筊，直到出現陰
杯（兩反）或笑杯（兩正）的情況為止。廟方備有一張海報，名為：
「惠來里信眾參與102～103年六房媽爐主擲杯統計表」，列出所有參
選人名單及杯數統計欄位，即時記錄前後出現的連續聖杯數。

本次爐主參選者共有17人，第一輪杯選似乎需要花費一段時間，
但實際上大多數參選者僅得一杯或零杯，因此在幾分鐘內就完成。有

兩位女士同列最高杯數，各得三杯。隨後，司儀請兩位進入內壇向六房媽稟香，準備第二輪杯選。在第二輪，林也合獲得一杯，另一位獲得零杯，主持人遂正式宣布由林也合中選爐主。

當選爐主是相當光榮的事，當場就有許多人道賀。現任的六房媽爐主會準備紅紙，當場寫上當選者姓名，前往當選者家宅門前張貼，並燃放禮炮以表祝賀。

這也是責任的起點，來年爐主在此後十四個月內必須見習爐主工作，籌備明年的過爐儀式及各項供奉六房媽事宜，準備工作包括：參與六房媽會會議、參與過爐、搭建紅壇、動員過爐人手、規畫過爐當天的遶境路線與請客事宜，並選定過爐日等。

爐主杯選記錄表（徐雨村攝 2012/3/3）

甫當選爐主的林也合女士接受道賀（徐雨村攝 2012/3/3）

完成杯選一個月之後，為了舉辦當年過爐，六房媽會邀集各股理監事及會員代表召開會員代表大會，亦稱「籌備會」或「大爐會」。這是來年爐主跟各股參與六房媽事務人士會面的重要場合，藉此可得到五股及股外地方人士協助，並瞭解過爐的大致情形。

接下來，再過一個月就是今年的過爐。來年爐主在當年新舊任爐主辦理移交公產的時候擔任監交人，並盡可能全程參與遶境，以掌握過爐儀式的細節。目前，來年爐主在第一年過爐的參與，主要是由自己或家人肩挑爐主花擔。

三、紅壇興建與交通路線改善

來年爐主透過參與會議及過爐監交，對於六房媽過爐有更深入認識，便開始進行籌備。來年爐主首先組成「六房天上聖母過爐慶典籌備會」，並聘任有能力經驗的人士擔任總幹事，慶典籌備會主要幹部成員須能與爐主協商，適時給予建議及回報。首要工作是興建紅壇，並將其逐步打造成神聖空間。

徐雨村在民國80年首次前往土庫參與六房媽過爐時，六房媽紅壇都維持在家宅形式。民國79年，土庫股爐主郭建太以透天厝一樓做為六房媽紅壇；民國81年，大北勢股爐主石清爐則以三合院家宅的中廳做為內壇，前庭搭建屋頂，放置拜桌。這種格局在當年足敷需要，也因為是家宅修建而成，當時並未安排新建屋宇所需的各項動土、上樑儀式。自民國73年直到93年間，爐主為了保全神像起見，皆將內壇以訂製鐵欄杆圍起，將六房媽安置於內，避免信眾任意接觸而有安全之虞。

隨著六房媽信眾人數逐漸成長，家宅式紅壇顯得擁擠，各股爐主開始因應這個趨勢，搭建專供設置紅壇的鐵皮屋，例如民國92年，過溪股汕尾的紅壇。到了民國93年，斗南股爐主盧三喜搭建大型的鐵皮

家宅式紅壇（81年爐主石清爐家宅）（徐雨村攝 1992/7）

屋三穿式紅壇，內壇一改昔日以鐵欄杆圍起保護六房媽的設計，改採
開闊的開放式格局，信眾可以不受鐵欄杆的阻礙，看到六房媽神像，
此後紅壇幾乎都依照此規格興建，但內壇屬於爐主及工作人員專用區
域，一般信眾不得進入。

　　然而，這種新型態的紅壇所需的時間與土地甚多，盧三喜首創的紅壇，前後工期就費時約八個月；中華民國六房媽會參酌合宜的興建時程，規定爐主籌建紅壇的時間往前推至當選那一年，在過爐後一個月內（也就是農曆五月中旬）協同該會管理部人員，會勘臨時紅壇及紅壇的預定土地。以民國104年土庫股爐主林文三爲例，新建紅壇的土地已於民國103年過爐之前就向地主商借，隨即進行會勘及設計，在農曆六月迎請六房媽來到該庄踏地基，並決定動土、上樑的日期。六房媽新紅壇的動土、上樑現已成爲地方盛事，爐主每每需要邀請地方各級官員及民意代表。按照臺灣民俗，一般均不在農曆七月動土，因此動土勢必延至農曆八月。上樑完工之後，紅壇的初步整備工作告一段落，接下來在過爐前利用新建的紅壇空間，籌辦各項準備工作，包括小爐會及大爐會都可以在已興築完成的紅壇內舉行。

爐主與六房媽會人員會勘紅壇興建用地（徐雨村攝2014/6/22）

紅壇上樑儀式（徐雨村攝2014/10/22）

　　在興建紅壇的同時，爐主必須思考新紅壇的聯外交通設施是否完備，尤其是過爐當天有許多大型陣頭車輛，或者有許多香客搭乘遊覽車前來，如何讓各種車輛可以順暢通行。有的爐主會爭取經費來修繕

相關的交通設施，如橋梁興建、路面鋪設，並實地探查遶境路線，確定哪些路段不適合大車通行，以擬定陣頭隊伍的行車路線。

四、過爐籌備與志工動員

新任爐主在過爐前兩個月，必須先完成輪值股遶境路線及宴請非輪值股陣頭（旗腳）的安排。首先，由爐主及輪值股理事徵詢其他四股，統計在過爐當天參加「公事」（頭旗、陣頭及神明大轎）的人數。原則上，「公事」的人馬由輪值股庄頭負責宴請，隨香客則由爐主以流水席招待。爐主依據統計結果，配合該股庄頭數目初步規畫，在過爐前兩個月召開「小爐會」，召集輪值股的里鄰長、副爐主及頭家共同參加，分配各庄頭必須負擔的請客人數。

遶境路線以輪值股每個庄頭為範圍，盡可能包含每條主要道路且避免路線重疊，以免人車交錯導致交通混亂。當公事隊伍走完全程，或到了某個特定時間（大多是下午三點），輪值股的鄰里長負責帶領在「小爐會」所分配的庄頭人馬，到各庄頭接受請客，這稱為「接頭旗」或「輪旗腳」。這兩個詞彙的緣由是因為絕大多數的人員相隔五年才來此地一次，請客的輪值股負責人辨認這些遠道而來的客人，是透過隊伍最前端寫有庄頭及村廟主神名稱的「頭旗」，只要引導頭旗，這個庄頭的人馬便會跟著走到請客地點。[4]

近年參與過爐輪旗腳人數，改由六房媽會發文給各股理監事協助統計，一併交由爐主在小爐會分配，再於大爐會確認。民國103年度

---

[4] 徐雨村，〈雲林縣六房天上聖母的祭祀組織〉，《臺灣文獻》48卷1期（1997），頁113。

過爐輪旗腳人數的總人數如表3.4所示，各股另有各庄頭分配表，以過溪股為例，如表3.5所示。

　　昔日，在農曆三月的最後一個星期天，由爐主召集各股的老大，舉行「大爐會」。在祭祠管理委員會時期稱為「籌備會」，改由委員會的召集人發開會通知。到了六房媽會時期，因應內政部要求人民團體每年舉行定期集會的規定，將會員代表大會一併召開，由秘書處發出開會通知。基本上，無論是籌備會及會員代表大會，都保留大爐會的會議主旨，由爐主報告小爐會決議並徵求同意或修訂意見，包含遶境路線、「接頭旗」的地點、「輪旗腳」的分配情形等等，各股人士若有意見立刻協調。「大爐會」由爐主商借場地，會後宴請與會人士。

　　民國103年度過爐的大爐會是在103年4月12日舉行，該年輪值股為斗南股，召開「中華民國六房媽會第二屆第五次會員代表大會」，會議地點是斗南股爐主已建置完備之紅壇，會前迎請老副媽前來坐鎮，並於集會前全體上香。首先是中華民國六房媽會的議程，包括六

表3.3　民國103-104斗南股（斗南紅壇）六房天上聖母過爐旗腳分配表（總表）

項次	股別	庄頭	參加人數	令旗	總領隊	領隊	香條	小符	陣頭	頭旗	神轎	葷食	素食	備註
一	大北勢股		1,500	11	3	11	11	1,170	4	5	9	1,440	60	
二	過溪股		3,740	460	15	43	51	3,420	11	12	17	3,580	160	
三	五間厝股		2,030	34	6	25	18	1,900	6	6	9	1,970	60	
四	土庫股		1,310	19	3	17	37	660	10	3	8	1,250	60	
	合計		8,580	524	27	96	117	7,150	31	26	43	8,240	340	

表3.4　民國103-104 斗南股（斗南紅壇）六房天上聖母過爐旗腳分配表（過溪股）

項次	股別	庄頭	參加人數	令旗	總領隊	領隊	香條	小符	陣頭	頭旗	神轎	葷食	素食	備註
1	過溪股	下過溪	540	50	1	3	3	600	1	1	2	520	20	頂溪里
2	〃	頂竹圍	200	30	1	3	3	200	1	1	1	190	10	
3	〃	頂過溪	600		1	3	6	600	1	1	1	580	20	
4	〃	西園			1									
5	〃	崁仔腳	220		1	3	3	220	1	1	1	210	10	
6	〃	下惠來	580	150	3	6	10	600	1	1	2	560	20	惠來里
7	〃	頂惠來												
8	〃	新吉庄												
9	〃	大路墘	250	50	1	3	4	200	1	1	1	240	10	
10	過溪股	大庄	360	30	1	5	5	300	1	1	3	340	20	下溪里
11	〃	三塊厝	320	30	1	5	3	200	1	1	2	310	10	
12	〃	溪埔廍	170	30	1	3	3	150	1	1	1	160	10	中溪里
13	〃	下竹圍	250	30	1	3	3	150		1	1	240	10	
14	〃	中興	150	30	1	3	5	100	1	1	1	140	10	
15	〃	汕尾	100	30	1	3	3	100	1	1	1	90	10	
	過溪股小計		3,740	460	15	43	51	3,420	11	12	17	3,580	160	

房媽會工作報告、審查民國102年度決算表及相關報表、追認理監事會議決案等。接下來就是民國103年度過爐籌畫報告，由斗南爐主報告，包括確認遶境路線、陣頭順序、旗腳人數、引導各股頭旗人員，分旗腳時間之掌管措施，聖母進入臨時紅壇的時間掌控及配套措施等。當天並由理事長謝永輝先生分別頒發爐主證書、副爐主證書給斗南股新任爐主沈武榮與新任副爐主蕭福春。

大爐會結束之後，爐主便須印製黃底黑字的「香條」，長約85公分，寬約26公分，上面載明過爐時間、遶境路線、旗腳分配等訊息。

六房媽會理事長謝永輝頒發爐主證書給斗南股
爐主沈武榮（徐雨村攝 2014/4/12）

103 年六房媽過爐香條

在農曆四月初一，爐主派人將香條張貼於五股的各庄頭公廟或公告
欄，斜貼於遶境路線轉角處的牆壁或電線桿，將過爐的訊息公告周
知，並標示遶境路線。貼完香條，過爐準備工作進入最後階段。

　　新舊任爐主的正式交接是在過爐日，但為使移交工作順利完成，
從農曆四月初即開始分批進行，新舊任爐主依據「六房天上聖母鑾駕
過爐物品、現金、黃金移交清冊」進行點交，並由每股推選一位「立
會者」進行監交，以確保移交過程無誤。過爐物品的點交分成四次完
成：

　　1. 移交神轎等物品

　　農曆四月第一個星期，新舊爐主移交過爐當天不會使用的物品，
如舊神轎、香爐等物品。

2. 移交金牌

過爐前一週，移交需要仔細清點數目的貴重物品，如金牌、現金、銀帽等。

3. 移交神像

過爐當日清晨，移交 11 尊神像、神轎、執事牌駕前儀仗等等過爐隊伍必須使用的器物。此次移交須於鳴炮啓程前完成。

4. 移交紅壇內設備

過爐當日，遶境隊伍已經出發前往新紅壇時，此時舊紅壇會舉行謝壇儀式，感謝這一年來神明、兵將的庇佑。同時進行第四次的移交，主要移交項目是紅壇的基本配備，包括有供桌、鐘、鼓、籤筒、光明燈座、香油箱、天公爐等等。

依據民國 80 年代的幾任爐主表示，近年六房媽過爐最大的變革就是志工參與及捐獻，來自五股內及全省六房媽的信眾，用各種有形無形的方式來幫助爐主完成過爐慶典。昔日需要僱用大量人手的轎班、駕前隊伍，如今多由志工所取代，更有信眾籌組環保、膳食等等項目的志工團體，不僅減輕爐主的各項開銷，更增進信眾對六房媽過爐的參與。參加過爐的志工團體均由負責人直接聯繫爐主，爐主確認後，依據負責人所報志工人數分配帽子、T 恤，在過爐前交付負責人。根據 104 年過爐的志工編組，全部隊伍分為 94 組，總人數超過 2,100 人。

| 104 年過爐環保志工組（高建中攝 2015/5/31） | 104 年過爐臨時紅壇壽司組（陳政宏攝 2015/5/31） |

五、臨時紅壇的神聖化

臨時紅壇大多架設在新紅壇附近，這個神聖空間大約在過爐前 12 天開始營造。這是考量到臨時紅壇必須在過爐前五天要完工，因此開工時間大約在過爐前 12 天。興建臨時紅壇之前，首先得請示六房媽臨時紅壇的位置、座向及開工時間。

在開工之前，必須先請來六房媽的兵將坐鎮，立大令旗，日期大約在農曆 3 月 28 至 30 日之間，所以也要請示六房媽臨時紅壇大令旗及金爐位置、日期、時辰及準備供品等。大令旗高度大約 28 尺至 32 尺之間（請示六房媽時，由 28 尺開始問起）。[5]立大令旗之後，需每日犒兵，必要時全庄或股內各庄頭犒兵（日數可依六房媽指示辦理）。

5　另據爐主手冊記載：大令旗旗桿尾端應透尾，枝葉越茂密越好，所留分枝
　　應為奇數，令旗之上端綁在旗桿所留分枝最下分枝之上。臨時紅壇立令旗
　　需準備之物品：1.全庄犒兵（日數由聖母決定）、2.五菓、3.壽金、二五
　　金、甲馬金（多一點）、4.馬草及水（每日更換）、5.臨時紅壇犒兵需每日
　　至謝壇完成後，6.炮。

104年過爐前夕，新任土庫股爐主整備完成之臨時紅壇（徐雨村攝2015/5/30）

104年過爐前夕，信眾前來斗南股紅壇燒起馬金（徐雨村攝2015/5/30）

六房媽紅壇全景示意圖

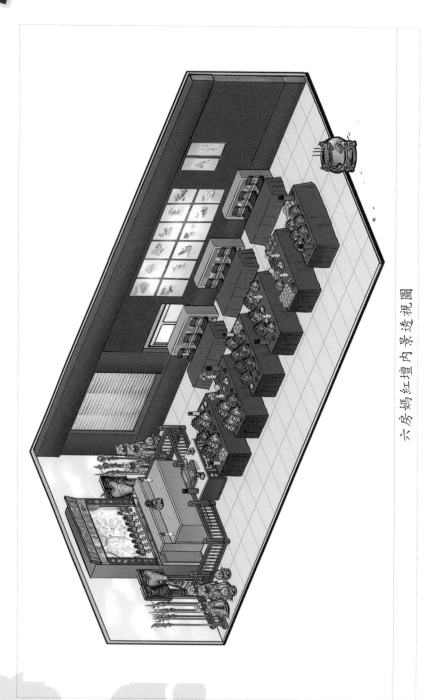

六房媽紅壇內景透視圖

第4章
過爐儀式與固定日

　　每年到了農曆四月初，信徒期待六房媽過爐的心情就開始高漲。過爐當天，天還濛濛亮，前晚不遠千里回到雲林參與過爐的信眾，就分別搭上車，前往舊紅壇或指定集結點，參與這一年一度的盛事。

第一節　六房媽過爐儀式

　　每年的過爐日期與出發時間係於農曆二月的第一個星期，於該年度新任爐主的新建紅壇內擲筊決定。昔日是由農曆四月初十至十六這七天當中，擲筊選出其一日為過爐日。這在傳統以農業為主的雲林行之多年，但為因應現代社會進入工商時代的變遷，免除信徒需要特別請假才能參與過爐的不便，經由請示六房媽同意，由原本的七天之中的星期六、星期日，由理事長擲筊選出一日為「過爐日」。而出發時間則由過爐日上午六時、六時三十分、七時，這三個時間中擲筊獲最多聖杯者為主。

　　大多數信眾僅參與過爐日當天所舉行的儀式。實際上，完整的六房媽過爐是從過爐日之前的四月初一開始持續到過爐日之後的第十二天。整個過程有下列幾個重要的儀式：

1. 舊紅壇起馬戲：約從農曆四月初一開始，由善信及現任爐主延請布袋戲班演出酬神戲，酬謝六房媽恩澤。從過爐日往前推算，至少要做滿十二朝（日）。

2. 四大將回紅壇：輪值在各股爐主（或副爐主）的四大將公須在農曆四月初一送回紅壇。

3. 分階段點交：新舊任爐主於過爐前一到兩週，先行移交不會在紅壇使用的六房媽公物。

4. 過爐儀式：在過爐日舉行，為期一日（詳見下文）。儀式由六房媽會負責協調。

5. 客神鑒壇：在過爐日前三日起，善信及各地宮廟將神像請到臨時紅壇過爐，並在內壇駐駕。

6. 在爐儀式：從過爐日當天起算的第三日，爐主召集本庄陣頭隊伍，並由各股頭香（未來輪值庄頭）協助，將六房媽眾神由臨時紅壇移駕到紅壇安座。

7. 新紅壇謝神戲：在新爐主的臨時紅壇及紅壇前演出的布袋戲，以過爐日起算十二朝（日）。

8. 四大將公過爐：過爐日起算第十二日，負責輪祀四將公的各股爐主（或副爐主）來到新紅壇，迎請四大將公前往舊紅壇奉祀。

一、過爐移交儀式

過爐儀式目前是由六房媽會負責協調，所有重要流程在先前的籌備會已完成協商。以民國104年5月31日由斗南股過爐到土庫股為例，當天清晨在斗南股紅壇的移交儀式，如下表所示：

表4.1　民國104年斗南股紅壇移交儀式一覽表

時間	活動
上午4時30分	五間厝股二重溝陣頭起馬（約20分）
上午5時	全員團拜恭請聖駕啓程，新、舊爐主交接（約20分）
上午5時20分	辦理四大將公移交工作（約10分）
上午5時30分	開始移交（約70分）；四大將公神轎發炮啓程
上午7時	六房媽聖駕（三頂神轎）發炮啓程

資料來源：中華民國六房媽會

　　起馬陣頭由次年度輪值股爐主的庄頭（民國105年爲五間厝股二重溝）擔任，迎請六房媽起馬，準備在新輪值股土庫股遶境。上午五時於舊紅壇舉辦團拜儀式，由六房媽會理事長率領新舊任爐主、六房媽會理監事與祭。團拜時，由理事長或秘書長恭讀疏文，先向外清香稟

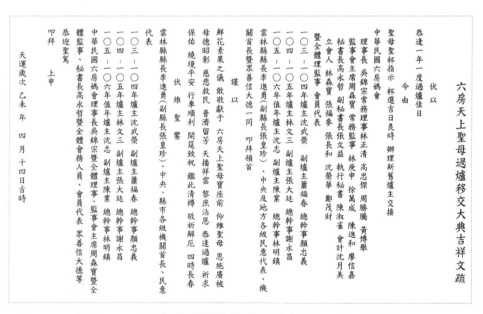

圖4.1　六房媽過爐團拜儀式疏文（104年過爐）

資料來源：中華民國六房媽會

報玉皇上帝，再向內禮拜六房媽，意在恭請玉皇上帝、諸天聖佛駕臨紅壇，保佑過爐遶境平安順利、四時無災、安座大吉；並請六房媽做主，文武將公賜福，千里眼順風耳前鋒洗路。

團拜儀式結束後，隨即舉行新舊任爐主交接，新任爐主會致贈一個謝籃給即將卸任的爐主，裡面裝有壽金、炮香、紅布、蠟燭等，象徵著過爐任務的傳承，並由六房媽會理事長監交。[1]

103 年過爐團拜宣讀疏文（吳明福攝 2014/5/10）

前後任爐主交接（97 年）（徐雨村攝 2008/5/18）

四大將公神轎出發（李松茂攝 2014/5/10）

103 年過爐移交清冊

---

[1] 在昔日，卸任爐主會奉獻一筆「隨爐金」交給新爐主。自從民國 67 年管理委員會成立之後，隨爐金改由管理委員會收取，當成營運基金。

　　四大將公是整個六房媽遶境隊伍的前導，因此先行辦理移交，隨即安座在四大將神轎上，在六房媽大轎出發前的一個半小時，率先出發，以60名人員每300-500公尺換手接力的方式，慢跑奔向距離七到十公里外的陣頭集結點。四大將公的神轎必須在六房媽大轎發炮啟程前，抵達在輪值股外的集結點，排在所有陣頭隊伍最前頭，成為遶境隊伍的先鋒部隊。

　　四大將公神轎出發後，紅壇內部的移交作業繼續進行。新任爐主準備了車輛、人手，並在六房媽會人員協助、來年爐主的見證下，依據移交清冊，逐項完成祭壇聖物的點交，並交代物品的保管使用方式。其中，若是必須隨著六房媽隊伍前進的陣頭儀仗用品，移交完成隨即一一交付給負責的人手。而神像點交則是必須清楚清點六房媽配掛的各個細項，再將神像交由人員安置在龍椅上，以紅綾環繞包裹固定，並採用包覆紅紙的壽金做為緩衝，確保神像在遶境過程的安穩。

　　待神像安置在龍椅妥當後，隨即送至在紅壇外的大轎內安置並固定。所有的六房媽神尊分別安置於三頂大轎：正駕轎、老副駕轎、副駕轎。

| 104年過爐點交副駕（林柏伸攝 2015/5/31） | 104年過爐，六房媽正駕固定於龍椅上（徐雨村攝 2015/5/31） |

二、中軍班起馬

「中軍班」當地人常稱呼「唱班」（「唱」為臺語文言音，音近「嗆」）或「王爺帽」。中軍班是由虎尾鎮安溪里的人員擔任，於過爐發炮前半小時到達紅壇進行起馬儀式。隨後在遶境途中，隊伍安排於正駕神轎前方負責前導、護衛。根據中軍班主帥蔡朝忠表示，這個陣頭是源自唐太宗李世民召集儒、釋、道三教開會，指示在鑾駕前方，任何人不可進入。昔日雲林地區地位較高的神明都是由中軍班護衛出巡，像是六房媽就曾交代要有中軍班才要出門（過爐）。目前安溪里中軍班一年固定出陣兩次，一是農曆正月21日虎尾安溪里迎請北港媽、土庫媽、虎尾王爺公（德興宮），一是農曆四月的六房媽過爐。

在六房媽過爐時，中軍班進行的儀式是「起馬」，恭請六房媽做主，由六房媽完成起馬，保佑路頭、路尾平安，祈求過爐儀式全程順利。中軍班隊伍共有33人，成員及其所持法器包括哨角六支，龍虎旗、火牌、虎頭牌、藤條、麻繩、鐵鍊、腳銬、手銬各一對，木棍、板箆各兩對，以及黑令旗、謝籃火炮各一。持哨角的成員是隊伍的最前面，哨角的特性在於只要一吹響的話，即使距離很遠的家戶都能聽到；龍虎旗象徵陰陽，呈現慶典之莊嚴；其他的法器械具是古代捕捉犯人用的，運用在迎神的時候，則是象徵警告無形邪穢自動遠離。當地人認為過爐時如果沒有「中軍班」前來唱班就不算過爐，可見唱班是過爐的重要角色。

中軍班是一個莊嚴威儀的陣式，在主帥發號施令時，一般人最好不要從陣頭中間穿越過去，班員也會提醒前方信眾暫時迴避以免被「煞到」。目前除了六房媽過爐會看到中軍班外，雲林馬鳴山五年千歲

出巡也有此陣頭，但儀式不盡相同。

| 96 年過爐中軍班發炮啓程吹哨角（徐雨村攝 2007/5/26） | 103 年過爐中軍班主帥特寫（吳明福攝 2014/5/10） |

三、六房媽鳴炮啓程

　　中軍班「起馬」之後，繼續由六房媽會安排貴賓進行發炮儀式，依序邀請現任縣長、立法委員及地方政治領袖，其次是三位前後任爐主，最後再由六房媽會理事長、監事主席鳴炮。隨著炮聲隆隆之後，六房媽的三頂神轎也在信徒的殷殷期盼下陸續出發，依序爲副駕轎、老副駕轎，以及正駕轎。在此同時，集合在輪值股集結點外靜候的陣頭隊伍，也在四大將公神轎的率領下，鳴炮出發。

　　副駕轎及老副駕轎先行離開舊紅壇，在紅壇外等候的各個步行團體，如104 年過爐各股陣頭排列順序表（表4.2）所示的項目第82 到110 項，則依序穿插進入遶境隊伍。正駕轎最後出發，通過舊紅壇的歡迎門之後，開始讓沿途隨香客「躓轎底」。香客排成一列，跪伏在

103年過爐鳴炮啓程（吳明福攝 2014/5/10）

地，由轎班、爐主及兩旁善信協助將六房媽大轎抬高，並維持大轎前
進路線兩側淨空，讓大轎從香客身體上方經過，祈求平安。等待躦轎
底的人龍大約綿延一公里以上，躦轎底才告一段落，轎班恢復原本的
抬轎方式前進。在大轎後方，則有個別的隨香客步行、騎機車或開
車，跟著六房媽往下一屆的輪值紅壇前進。

　　大轎隊伍緩緩向前邁進，前行約七至十餘公里之後，抵達遶境路
線的起點，也就是輪值股的第一個庄頭。再銜接陣頭隊伍。

表4.2　104年過爐各股陣頭排列順序表

順序	股別	庄頭	項目	順序	股別	庄頭	項目	順序	股別	庄頭	項目
1			四 大 將	40	過溪股	溪埔廍	陣頭車	78	斗南股	將軍崙	陣頭車
2			關 路 牌 車	41			香客車	79			香客車
3			開 路 鼓 車	42		下竹圍	陣頭車	80		斗南	陣頭車
4			總 指 揮 車	43			香客車	81			香客車
5			引 導 車	44		中興	陣頭車	82			讚 香 團 車
6	五間厝股		股 牌 車	45			香客車	83			八 音 車
7			指 揮 車	46		汕尾	陣頭車	84			頭 旗
8		二重溝	陣頭車	47			香客車	85			聖 母 灯
9			香客車	48		頂過溪	陣頭車	86			哨 角 隊
10		五間厝	陣頭車	49			香客車	87			馬 頭 鑼
11			香客車	50		西園	香客車	88			龍 虎 旗
12		紅瓦磘	陣頭車	51		坎仔腳	陣頭車	89			進 士 牌
13			香客車	52			香客車	90			駕 前
14		埠頭仔	陣頭車	53		頂竹圍	陣頭車	91			挑灯（聖母宮）
15			香客車	54			香客車	92			挑花（聖母宮）
16		中埠仔	陣頭車	55		下過溪	陣頭車	93			聖母爐香案車
17			香客車	56			香客車	94			香擔（感修堂）
18		頂埠頭	陣頭車	57		半路店	香客車	95			副 駕 轎
19			香客車	58		下惠來	陣頭車	96			挑灯（股外）
20			引 導 車	59			香客車	97			挑花（股外）
21	大北勢股		股 牌 車	60		新吉庄	香客車	98			香擔（股外）
22			指 揮 車	61		大路墘	陣頭車	99			香擔（順化堂）
23		保長廊 下厝	陣頭車	62			香客車	100			老 副 駕 轎
24			香客車	63		頂惠來	陣頭車	101			挑花（斗南聖媽會）
25		頂庄	陣頭車	64			香客車	102			挑灯（斗南聖媽會）
26			香客車	65			引 導 車	103			挑灯（股內）
27		中庄	陣頭車	66	斗南股		股 牌 車	104			挑花（股內）
28			香客車	67			指 揮 車	105			中 軍 班
29		大北勢	陣頭車	68		新厝案	陣頭車	106			挑（105年正副爐主）花
30			香客車	69			香客車	107			挑（104年正副爐主）花
31		林仔頭	陣頭車	70		烏瓦磘	陣頭車	108			挑（103年正副爐主）花
32			香客車	71			香客車	109			聖 母 香 擔
33			引 導 車	72		新厝仔	陣頭車	110			帥旗、娘傘
34	過溪股		股 牌 車	73			香客車	111			正 駕 轎
35			指 揮 車	74		崙仔 崙仔案	陣頭車	112			日 月 扇
36		大庄	陣頭車	75			香客車	113			爐 主 車
37			香客車	76		崙仔	陣頭車	114			隨（步行）香人員
38		三塊厝	陣頭車	77			香客車				
39			香客車								

一、（1）~（4）；（82）~（114）的隊伍由值年爐主負責派員整隊，六房會管理部人員助處理。

二、各股參加隊伍及人員由各股常務理事、常務監事或理監事、總領隊、領隊負責督導管理。

三、各股挑灯排列順序如下：五間厝股－大北勢股－過溪股－斗南股－土庫股

資料來源：中華民國六房媽會秘書處

信眾鑽轎底（李松茂攝 2014/5/10）

第二節　遶境隊伍：庄頭陣頭

一、四大將與路關牌

　　在整個遶境隊伍最前方的兩個陣頭，是擔任開路先鋒的四大將公轎與路關牌。四大將公神像在舊紅壇點交完畢，上轎之後隨即出發，趕往新輪值股外圍的陣頭集結點（過爐隊伍排列如前表4.2 所示）。理想狀況是，在紅壇六房媽大轎鳴炮啓程時，四大將也已經抵達陣頭集結點，並同時鳴炮啓程。由於四大將公轎與路關牌擔任六房媽遶境隊伍開路的角色，所有陣頭需等待四大將神轎抵達才能開始出發，所以

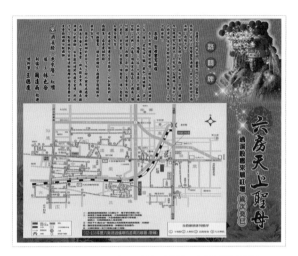

圖4.2　102年過爐所使用的路關牌

資料來源：中華民國六房媽會

其相關負責成員必須一路向前，邊跑邊走，抓緊行進時間。整個遶境行進路線則是依據六房媽大轎規畫路線。

路關牌的文字內容大致跟農曆四月初一張貼在五股的香條類似，懸掛在車輛前方。昔日僅有文字，近年多採彩色電腦輸出，並增加六房媽神像與遶境路線圖等資訊（如圖4.2）。

二、庄頭隊伍排列規則

在遶境隊伍前方的第三、四順位，為開路鼓及總指揮車，是各庄頭隊伍的前導車。總指揮車由中華民國六房媽會領導層負責帶領，過爐陣頭的排序是依據輪值規則及慣例，呈現各庄頭未來輪值六房媽權利的規則排序（表4.2的第6項至第81項為各股庄頭的陣頭及香客）。

頭一個是五間厝股的二重溝，也就是民國105-106年輪值六房媽的庄頭，最後一個是斗南股的斗南，即是過爐當日甫卸任的庄頭；若以各股輪值順序排列來看，則爲五間厝股、大北勢股、過溪股、斗南股。各股庄頭隊伍的公廟、公壇、子弟陣頭概況請詳參第六章。

　　每股的第一支隊伍均是各股未來首先輪值六房媽的庄頭，稱爲「頭香」或「頭陣」。頭陣隊伍要延請合乎禮數的獅陣或龍陣，還必須在進入輪值股的各個庄頭時，下車步行至庄頭公廟或公壇前行禮參神。如果該庄頭陣頭無法出陣或欠缺陣頭隊伍時，則必須邀請五股之外的友好庄頭襄助陣頭前來助陣，這稱爲「奧援」，或由庄民共同出資聘請專業陣頭。

　　頭香以外的各庄頭隊伍大多搭乘車輛，這是六房媽過爐行之多年的習慣。早年各庄陣頭都有參神義務，然而時間耗費過多，經過眾議決定，由頭香代表該股致敬即可。103年過爐籌備會爲此有一段會議討論，每個小爐隊伍如果均須參神，以該年29個小爐隊伍，每隊參神時間15分鐘計算，光是參神就必須耗費七小時以上，穿越第一個庄頭新厝寮從上午七點發炮計算，陣頭隊伍必須到下午二點才能夠全部通過，接下來才是六房媽的陣頭隊伍與三頂鑾轎。因此決議依然維持既有風俗，只由頭香參神。

三、庄頭的陣頭

　　昔日的庄頭大多由庄民組成自衛性質強烈的習武團體，稱爲「武館」，以及音樂團體「曲館」。這兩個團體往往會冠上所屬庄頭名稱，

在神明慶典時會互相搭配，共同出陣，成為每個庄頭的基本陣頭。隨著社會治安的安定及政府禁止械鬥，武館的自衛功能逐漸消失，而僅餘代表庄頭及庄神隊伍，向造訪的廟宇或紅壇致敬。由於陣頭多由本地居民在農餘時間習武練成，昔日皆稱這是子弟性質的團體，也就是居民的自願性團體。

近三十年來，因農村年輕一代成員大多前往都市謀生，庄頭人口老化，子弟性質的武館人手不足，導致武館朝下列幾種情況發展：

1. 繼續以原有的武館人力，但只維持簡單的旗棍、鑼鼓、獅頭。

2. 規模較大的庄頭可動員學童傳習陣頭文化，由社區發展協會跟中小學合作，鼓勵學童在社團活動時間學習陣頭表演。這跟昔日嚴格的習武過程有所差別，但不失為傳承陣頭文化的活水。

3. 找尋附近仍有陣頭的庄頭來助陣，這一般稱為「奧援」。有的庄頭有自己的陣頭，仍會再加上附近的庄頭共同助陣，做為庄頭之間的互相支援。

4. 由庄頭出資聘請職業性質的陣頭隊伍。

至於肩負樂器演奏的曲館，其消失情況更明顯，若干仍繼續發展曲館文化的團體，如今多以演奏八音為主，某些庄頭則是另組誦經團，成為現在的主力陣頭之一。其他的音樂表演性質陣頭，還包括電子琴花車，發揮熱鬧節慶氣氛的效果。

誦經團清晨在天聖宮內殿誦經

將神明請上大轎

集結車輛掛上統一的旗幟

在牌樓外過火出發

97 年大北勢參與六房媽遶境（大北勢過爐到過溪股半路店）大北勢庄頭隊伍清晨在天聖宮集結組圖（徐雨村攝 2008/5/18）

　　非輪值股的各庄頭皆有參與遶境的義務，因此會以庄頭為名義組成隊伍，每一部車輛都在前面懸掛黃底紅字的布條，書明：「中華民國六房媽會（股名）（庄名）」，例如「大北勢股大北勢」。這些五股庄頭組成整齊的隊伍，同時出發前進，也可防止其他外來車輛中途插隊。庄頭隊伍依序是誦經團、武館、隨香客，以及神轎。隊伍裡面可能會包含來自其他庄頭的人員及陣頭，他們如果希望參加今年的六房媽過爐遶境隊伍，就必須預先聯繫，確認車輛數目及人數，以便向六房媽

會申報。出發時間大多是過爐日清晨六點到七點，必須在規定時間抵達集結點，排進預先安排的順序，以便在鳴炮啓程後，進入輪值股庄頭範圍遶境。

四、輪值股迎接各庄頭

輪值股是輪值六房媽的該股，各庄頭都必須準備迎接來自非輪值股的隊伍。地方庄廟會安排人手接待遶境途中進廟行禮參拜的陣頭隊伍，鳴放鞭炮、請金，歡迎來訪的武館陣頭，待對方行禮完畢後鳴炮歡送。如果是六房媽正駕神轎抵達，則必須準備長板凳及壽金等，讓大轎在此駐駕片刻。庄頭爲表示禮數會出資延請布袋戲班在廟前廣場演出扮仙戲，迎接非輪值股的各庄頭神明以及六房媽神駕；如果庄頭尚未興建庄廟，則會在村落的空曠處搭建一座臨時紅壇，將庄神安置於此，各項禮數皆同前述。

該年輪值六房媽的庄頭則要準備更周到的禮數，該庄的陣頭隊伍包括神明乩身與筆生、大轎、武館與曲館都要在庄廟待命。當六房媽隊伍的四大將公轎、副媽轎、老副媽轎、正駕轎先後在不同時間抵達庄頭時，該庄陣頭隊伍就必須前往神轎隊伍預定進入該庄的村落邊緣處（又稱爲「城門外」），迎接神駕進入本庄，引導到庄廟行禮，並鳴炮歡送之後，再繼續等待下一頂神轎。最後陣頭隊伍會迎接六房媽正駕神轎，神轎除了在村廟停駕之外，隊伍會繼續護送六房媽正駕神轎前往臨時紅壇安座。

六房媽過爐的公壇旗幟

虎尾中興部落六房媽公壇外觀

虎尾中興部落六房媽

中興部落演出的酬神戲

無村廟之庄頭迎接六房媽，設公壇及酬神戲組圖（102 年過溪股中興部落）（徐雨村攝 2013/5/25）

五、請旗腳

　　陣頭隊伍依據規畫路線前進，各股頭香依序進入各庄公廟、公壇參香，直到在籌備會所決議的最後時間（約在下午三點半）為止。這時，無論陣頭隊伍遶境到何處，均接受輪值股安排宴客，稱為「分旗腳」。輪值股各庄負責分旗腳的聯絡人早在籌備會時已分配妥當，有

102 年過爐，過溪股中興部落宴請大北勢股保長廍頂庄旗腳。左圖：
頭戴保長廍帽子的帶隊人員，騎機車帶領頂庄車隊抵達。右圖：中興
部落準備的歡迎告示牌。（徐雨村攝 2013/5/25）

些聯絡人在籌備會時已事先接洽各庄陣頭負責人，雙方約定以行動電
話聯繫，以便在過爐日當天帶領隊伍到宴客地點。

　　昔日的分旗腳是由鄰里長帶領各股陣頭到各庄頭，再由各庄人士
依據事前分配人數，分別招呼至家中設宴款待，慰勞他們一天的辛
苦。在早年因宴請人數眾多，還會用門板、牛車、椅條等權充桌子，
若來到家中的旗腳越多，就代表主人家的「神緣」越好，來年就會越
順遂。在茶水、飲料、酒類、菜餚一應俱全，在賓主盡歡依依不捨告
別時，旗腳會邀請主人家在六房媽輪值到自己那一個股時，務必要來
作客！[2]

　　因此，這樣的宴客習慣促進了五股各地人士的交誼。六房媽過爐
五年一次大循環，某些庄頭通常會在過爐時固定宴請其他庄頭，各股

---

[2] 本段由林啟元執筆。

成員每逢過爐到某一股時就習慣到某戶人家吃旗腳，久而久之，就知道這些庄頭人家的請客習慣，很多人因此成為好朋友。但這樣也會有缺點，若是輪值股民眾在家戶設宴款待時，卻因大家爭相搶客人，最後無法請到任何旗腳，則會被視為走霉運，稱做「請沒衰」。

為了改善分旗腳的客人分配問題，近十餘年來，已逐漸改成「公辦」宴客形式，在村中適當場所搭設棚架，依據籌備會分配的桌數集中辦桌，由鄰里長向願意分攤旗腳的家戶收費，稱為「旗腳錢」[3]，再由外燴廠商統一辦理。大家一起請客，氣氛熱鬧且容易掌握確切人數，雖然簡化行事，提升效率，但這樣也就少了昔日到各家招呼款待的互動與熱情。近年來，分旗腳人數多在7000至10000人之間（參閱表4.3）。

---

3 每個庄頭能夠且願意分攤旗腳的人數多寡，決定了旗腳錢的金額，大約在新臺幣三千元到一萬餘元不等。昔日農業社會的收入有限，宴請旗腳的支出可能成為沉重負擔。在大北勢即有「大北勢過爐，興（還）五冬」的雙關語，居民稱每次擔任輪值股都欠下大筆債務，必須五年才清償完畢，但是隨即又要擔任輪值股。如今大北勢庄每五年擔任輪值股，每戶所需繳交的旗腳錢約為新臺幣一萬餘元，相當於三桌（以每桌3,500元計）。各庄頭宴請旗腳的比例會影響該庄頭輪值六房媽的次數，以大北勢股為例，該股三個主要聚落大北勢、保長廊、石厝林仔頭宴請其他四股的比例為2.5：1：0.5。基於盡多少義務享多少權益的觀念，輪值爐主的次數便依此比例，每四十年大北勢庄得五次、保長廊兩次、石厝林仔頭一次。

表4.3　99-104 年分旗腳桌數一覽表

過爐年代	輪值股（輪值庄頭）	桌數（每桌10人）
99	土庫股（過港）	908
100	五間厝股（頂埤頭）	872
101	大北勢股（大北勢）	930
102	過溪股（惠來厝頂庄）	708
103	斗南股（斗南）	858
104	土庫股（竹腳寮）	980

　　等到各股陣頭用餐完畢，隊伍就直接前往臨時紅壇向六房媽「辭駕」，各庄頭神尊參神，這時隨行的乩童會起駕，這主要是向六房媽表示祝賀之意。陣頭及隨香人員在臨時紅壇各自參拜後，就此返回自己的庄頭；也有些信眾會選擇回頭找尋六房媽的大轎隊伍，繼續協助親友參與的香擔、擔花、擔燈。

103 年過爐，頂過溪金獅全陣來到臨時紅壇落馬（高建中攝 2014/5/10）

六、鑾駕執事牌

　　六房媽鑾駕執事牌，「欽賜祀典六房天上聖母」獻者徐德新落款日期為清光緒15年梅月穀旦，這是六房媽珍貴的文化古物。徐家是廣東省嘉應州鎮平縣的客籍人士，初期定居於當時嘉義縣他里霧埔姜崙庄（今天的雲林縣斗南）。徐德新之弟徐德欽光緒12年（1886）高中進士，光緒13年施九緞事，徐德欽時任工部主事，協助官方捕獲反軍王煥，優敘賞加五品銜並賞戴花翎。光緒14年（1888）寫了匾額一張〔靈貺畢臻〕獻給嘉義城隍廟留念。[4]

徐德新敬獻「六房天上聖母、欽賜祀典」執事牌（黃漢偉攝 2012/5/6）

4　連橫，1979[1920]，〈列傳四郭光侯、施九緞列傳〉，《臺灣通史》（臺灣文獻叢刊第一二八種，臺灣銀行經濟研究室編。臺北：眾文圖書公司），頁876。

第三節　擔花、擔燈、香擔及神轎隊伍

一、擔花、擔燈祈福隊伍

　　擔花與擔燈是組成六房媽過爐最有特色的祈福還願隊伍。擔花與擔燈是一般信眾表達對六房媽崇敬的重要行動。六房媽爐主與副爐主依據傳統，必須在實習階段、過爐接任、卸任這三年的過爐日負責肩挑爐主花擔。而過爐當天新任爐主需要掌轎，以維護神尊安全，會另外請人員幫忙擔爐主花擔。[5]

　　當隊伍還未抵達臨時紅壇之前，花與燈不得放置地上，如需要休息片刻，可交由另一位人員擔在肩上。而「花」的諧音為「發」，因此擔花有祈求財富的意涵，另有一說擔花可為信眾求得好姻緣，而擔燈

103 年過爐，信眾擔花（左圖）、擔燈（右圖）（陳政宏攝 2014/5/10）

---

[5] 擔花、擔燈乃指信徒自發性參與挑花擔、挑燈擔，來祈福還願的隊伍。

則有生子、添丁的意涵。

到達臨時紅壇前，信眾會將花與燈從扁擔取下，高舉頭頂額前，再進入臨時紅壇祈福。隨後將花、燈分別放置臨時紅壇左右兩側，此時就可將花籃放在地上，而燈必須懸掛於架上，第二天紅壇工作人員會將燈懸掛於紅壇天花板的左右兩側。在過爐日後三天參與的信眾會協助肩挑比較完整的花籃，隨神轎回到紅壇擺放。

燈擔、花擔進入臨時紅壇落馬儀式（林柏伸攝 2015/5/31）　臨時紅壇工作人員協助信眾懸掛花燈（林啓元攝 2013/5/25）

大北勢股花燈班源自於民國81年大北勢股爐主石清爐的機緣。民國80年起，時任爐主的石清爐商請家人協助挑爐主花擔；在卸任爐主後，石清爐胞弟石琪祥、沈素貞夫婦繼續擔花擔燈，並邀請親友加入，逐漸有來自大北勢附近各庄頭的隨香客聽聞此一團體，主動聯絡參加。

大北勢股花燈班人員大多來自大北勢本庄及附近村落，但也有來自全省各地的信眾，有人接獲當地的神聖降乩交待並給予石琪祥家中地址。據石琪祥表示，前來擔花擔燈的人有的是許願或還願，有人結

婚多年沒有子嗣，就向六房媽祈求，允諾最少擔花或擔燈三年。一般擔燈是求男嗣，擔花是求女嗣。

　　該團體由六人共同輪流挑一組花燈或花擔，據石琪祥表示，在103年過爐時，隊伍陣容達到三百人，還延請十二輛1,200CC的發財車義務參與載送，以便在遶境時，比較容易進出小路。大北勢花燈班特地製作專屬布條及團體制服以資識別，讓隊伍看起來更醒目，費用由大家共同負擔，每個人大約新臺幣三百元。

　　從民國91年開始，擔花、擔燈的各股順序也是依據陣頭的排列順序，明年預備輪值的那一股會被安排在第一隊。大北勢股花燈班每年都安排在躓轎底處結束之後的兩三百公尺處，由於躓轎底大約會有綿延1.2到1.3公里距離長的人潮，所以擔花擔燈的準備區約在距離舊紅壇1.4到1.5公里處。雖然人地生疏，但石琪祥說，六房媽都會「現景」指示到哪戶人家或工廠借用場地，這些店家往往都會一口答應，所以到哪裡都不成問題。過爐前一天就必須前往那裡準備花籃，把各項物品放好，有些人家特別用心，除了協助花籃澆水，還會將花籃放在貨車上，以免貓狗弄亂。

二、香擔隊伍

　　在五股範圍內的鸞堂，包括斗南五間厝順化堂、斗南感修堂等，在過爐時會派出香擔隊伍。以下舉斗南感修堂香擔為例，這是由信眾身穿感修堂的禮衣（青色長袍），肩挑兩個白鐵打造的六角型香擔，每個香擔上方懸有一個淨爐。在過爐當天，香擔隊伍會被安插在副駕

斗南五間厝順化堂香擔團（徐雨村 攝於大北勢 2012/5/6）

順化堂香擔（徐雨村攝於崙仔 2014/5/18）

前方，因此正式名稱是「副駕媽香擔」。在過爐鳴炮啟程之前，香擔的淨爐內放置束材點燃，並將貢末粉舀於束材之上，沿途香煙繚繞，並隨時有人手沿途增添貢末粉，維持香擔的香煙不滅，直到抵達時紅壇為止。近年來，感修堂制服已由禮衣改成較輕便的背心，這種香擔只在六房媽過爐時使用，平日收存於感修堂的倉庫中。

感修堂香擔的創立年代甚早，據目前負責招募香擔人手的沈王美鈴表示，大約在45年前，她應感修堂的副堂主之邀，與其他兩三名女士，共同肩挑兩組香擔。有鑑於香擔可能會因過爐人潮推擠而損壞，經過請示六房媽，改製為白鐵底座，如此每組香擔重量多達二十餘臺斤，因此招募更多人手來共同參與。現在有六組香擔，每年過爐都邀請七八十名當地信眾共同參與，大多是斗南市場的攤商，像是販賣蔬菜、粉圓、肉羹等等的攤販，也有學校教師、公所人員，甚至是學生，隊伍由十幾歲到七十幾歲的信眾組成。

三、聖母爐香案車[6]

　　早期過爐可以讓信眾交換神轎爐上的香，但因信徒紛紛至轎前交換香，容易造成推擠，因此基於安全考量，而取消神轎上香爐換香的服務。

　　為服務廣大的信徒，於民國103年起，由「六房媽粉絲團」製作一臺香案車安奉聖母爐並參與過爐遶境，以便利沿途信眾、隨香客就近至香案車前，將手上的香安插於聖母爐上。信眾和服務人員交換爐內的香，稱為「交換香」。而信眾會將交換過的香安插於自家香爐中，相信爐中的香能夠帶來六房媽的靈力、庇佑與福氣。

聖母爐香案車（顏守韓攝 2015/5/31）

---

6 第三、四小節由林啓元執筆。

　　香案車上所使用的聖母爐，於平時供奉於六房媽紅壇內，因是六房媽專用，又稱「聖母爐」。聖母爐的特色在於爐體正面題字爲「六房天上聖母」，側邊四周雕有騰雲龍紋，爐腳則是獅首定腳之造型，爐體背面題字則爲「萬年寶爐」字樣。這種形式的香爐，統稱「四方爐」，亦稱「馬槽爐」。

　　過爐時香案車服務人員須秉持謙卑禮敬的心，經過當地公廟時將香案車推至廟前，人員脫帽向公廟鞠躬致意。在香與香的交換過程中，可以讓六房媽與信眾能有更多互動，也能讓六房媽的信仰永流傳。

四、過路香

　　每年變換祭祀地點時，遶境路線行經股內或股外的庄頭，且由六房媽正駕在庄廟前停駕片刻者，稱爲「過路香」。過路香的庄頭公廟通常位於人口密集的地區，過爐遶境時，四股陣頭不一定會前往參神，而改走較大的道路，但執事牌及其後方隊伍均會前往過路香之公廟參神，向在地的神明致意。當地庄民每每準備飲水、點心款待參與遶境的陣頭及信眾，與大家分享過爐的喜悅氣氛。過路香公廟依據過爐年份尾數排列如下：

（一）五間厝股至大北勢股（逢國曆年數尾數爲一、六者）

1. 斗南順安堂（五間厝股內公廟）

2. 小南天福德祠（斗南股內公廟）

3. 新庄的小西天

（二）大北勢股至過溪股（逢年數尾數為二、七者）

無過路香公廟

（三）過溪股至斗南股（逢年數尾數為三、八者）

斗南小東聖德堂

（四）斗南股至土庫股（逢年數尾數為四、九者）

1. 紅瓦磘照瑤宮[7]

1. 斗南新崙福慧宮

2. 虎尾下南震天宮

（五）土庫股至五間厝股（逢年數尾數為五、十者）

1. 虎尾下南震天宮

2. 斗南新崙福慧宮

五、六房媽大轎隊伍

在陣頭隊伍「分旗腳」完畢後，載運大轎及香客的大型車輛各自賦歸。輪值股境內，在歷經七到八小時的塞車之後，交通頓時暢通。

---

7 土庫大橋於民國42年2月1日開工，於56年4月15日竣工。在該橋通車前每逢斗南股至土庫股的過爐路線都由斗南鎮紅瓦磘再由新崙南邊走過，涉水經過北港溪後由竹腳寮來到土庫股。土庫大橋通車後每逢土庫股輪值六房媽時都會特別繞進紅瓦磘這條古香路。

然而，在表4.2（109頁）第71到103項的六房媽大轎隊伍依然在輪值股的某個角落緩慢前行，三頂六房媽神轎通過同一定點的時間可能相隔超過一個小時，特別是正駕轎時常因為信徒熱烈歡迎而緩慢行進。

六房媽大轎每隔五年才會在輪值股遶境一次，因此各庄居民都非常重視大轎是否會經過自己家門。除了重視這五年一度的基本權利之外，藉由六房媽及中軍班來掃除家戶附近的不淨之物也是信徒的重要考量。

庄頭的公廟或公壇是六房媽大轎必定駐駕、唱班的地點，爐主必須參酌各方意見，特別規畫大轎行進路線。中軍班主帥蔡朝忠表示，六房媽正駕在各個公廟或公壇停駕，其用意並不是分配六房媽的兵將

103年過爐，六房媽正駕在新厝仔善觀寺駐駕，中軍班唱班（李松茂攝2014/5/10）

在此駐紮，而是派遣隨行的兵將在停駕期間，四處查探附近有無不淨之物，並回報予六房媽；等到六房媽起駕，繼續前往臨時紅壇時，這些兵將就會繼續跟著神駕隊伍前進。

六房媽大轎的行進速度緩慢，主要是沿途信眾十分熱情，往往準備大量鞭炮迎接六房媽正駕的到來，鞭炮帶來的聲響及煙霧，使得轎班人員不得不暫時停步，如此一再拖延了行進隊伍的速度。而且，六房媽正駕神轎到達村廟或公壇時，必須唱班、駐駕；又或者當正駕神轎進入庄頭的狹小街道，必須循原路折返時，後面隨香客如果沒有適時接收到「調頭」的指令，就容易發生人潮繼續跟著神駕湧入小徑，直到大轎要折返時，隨香客就阻礙了大轎的行進。

近年來，六房媽正駕神轎抵達臨時紅壇的時間多在晚上九點之後，在遶境路線後半段的庄頭信眾及村廟陣頭鵠候多時，眼看著香擔、擔花、擔燈及副駕轎隊伍經過，正駕轎依然在遠方村落鞭炮此起彼落處，時而感到焦急。同樣，臨時紅壇及正駕轎隊伍方面也對六房媽遲遲未能進入安座而感到焦慮。六房媽會也會於過爐日當天晚上七時，在臨時紅壇召集理監事會議，依據當時正駕鑾轎遶境情況，決定最後是否要縮減路線，改為在各庄廟公壇完成駐駕之後，隨即前往臨時紅壇安座。有鑑於此，六房媽會建議，日後各股爐主在規畫遶境路線時，最後一段在輪值庄頭的路線將直抵臨時紅壇，等到抵壇後第三天，六房媽由臨時紅壇移駕到紅壇的「在爐」儀式，再進行輪值庄頭內遶境。

第四節　在壇與在爐

一、六房媽抵達臨時紅壇安座

　　歷經一整天的跋涉，參與過爐的香擔、擔花、擔燈團體陸續抵達臨時紅壇，在現場工作人員引導下，列隊依序進入紅壇，依廣播台司儀的口令向六房媽及眾神行禮，隨後再往指定地點吊掛花燈與花籃，由人員帶領享用平安餐。

　　兩頂副駕轎陸續來到臨時紅壇，現場的歡欣氣氛逐漸高漲。大家引頸期盼的六房媽正駕鑾轎終於抵達臨時紅壇。這時先前抵達的擔花、擔燈隊伍，以及香客都簇擁在臨時紅壇前方兩側的馬路等候，注視著六房媽神轎緩緩從遠方出現，匆匆經過眼前，而後進入臨時紅壇。

103 年過爐六房媽鑾轎抵達臨時紅壇（劉家豪攝 2014/5/10）

　　這時由工作人員淨空臨時紅壇前的通道，讓大轎安穩停妥，恭請六房媽正駕下轎，兩旁傳來香客的歡呼聲與掌聲，再由六房媽會理事長與地方政要共同將六房媽正駕請到內壇安座。爐主經過一年多的籌備，今日一路護送六房媽完成遶境，隨即請家人來到壇前跪拜上香。

　　隨後，由中軍班舉行「落馬儀式」，六房媽會舉行莊嚴隆重的團拜儀式。由縣長擔任主祭官，地方政要、六房媽會理事長及常務理監事、前後三位爐主依序獻祭。最後舉行團拜儀式，邀請在場所有信眾共同參與，由理事長恭讀〈過爐安座吉祥文疏〉，全體三鞠躬後禮成。至此，六房媽過爐完成第一天的「在壇」，安座在新爐主的臨時紅壇，連同來自各地宮壇的鑒壇眾神，在此停留三天，接受各界善信參拜。

103 年過爐六房媽正駕抵達臨時紅壇（劉家豪攝 2014/5/10）

中軍班舉行落馬儀式（劉家豪攝 2014/5/10）

104 年過爐六房媽安座大典，雲林縣長李進勇擔任主祭官（徐雨村攝 2015/5/31）

104年過爐六房媽安座大典，中華民國六房媽會吳錦宗理事長恭讀疏文（徐雨村攝 2015/5/31）

六房天上聖母過爐安座吉祥文疏

伏以
恭逢過爐佳日　邊境平安順利

聖母
聖德參天　福海無邊
母儀配天　惠澤吾民

今據
安養世界　南贍部洲　大中華民國雲林縣土庫鎮竹腳寮
中華民國六房媽會理事長吳錦宗常務理事林正清 高忠傑 周勝騰 黃博學
監事會主席周森寶 常務監事　陳庚申 高忠成 陳進和 廖信嘉
關首長陳慶助 副秘書長張文益 行秘書　陳淑雀 會計沈月美
立會人 林森寶 張福參 張長和 沈榮華 鄭茂財暨全體理監事會員代表

茲逢
一年一度 六房天上聖母過爐佳日逢境順利 主祭官雲林縣縣長李進勇 陪
祭官 立法委員劉建國 張嘉郡 李應元 吳有仁　雲林縣議會議長沈宗隆
土庫鎮長陳慶助 雲林農田水利會會長張文瑞 中央及地方各界民意代表機
關首長 中華民國六房媽會理事長吳錦宗暨全體理監事會主席周森寶
暨全體監事 秘書長高永哲暨全體行政人員 會員代表
一○三～一○四年值年爐主沈武榮 副爐主蕭福春 總幹事顏忠義
一○四～一○五年值年爐主沈武榮 副爐主張大廷 總幹事謝永昌
一○五～一○六年值年爐主陳業 副爐主林文三 總幹事林明鎮

恭維
聖母道大 聖功宏偉 母德昭彰 片念足錄 普濟留芳 恩施廣被 澤及萬芳
凡我黎民 奕世沾光 慈暉普照過全台 處處豐收歌鼓腹
暨眾善信大德等 虔備鮮花祭品　素筵香楮 財帛之屬 聊表菲儀 奉獻酬答

致
敬於
六房天上聖母、文武千順四大將公暨 紅壇三教 諸神佛聖賢 寶座前

伏祈
聖母過爐　聖壽無疆　聖壽聖壽　更祈 聖母鑑納 是歆是享　來抬來嘗
仰賴聖母庇佑 後期扶助 風調雨順 國泰民安 四時無災 八節有慶
家家集福 戶戶安康 男添百福 女納千祥各業昌隆 萬事亨通
丁財兩旺 富貴綿長 如意如願 大降吉祥

謹疏
恭呈
六房天上聖母　座前
四大將軍　座前
上聞
天運歲次 乙未年 四月 十六日 吉時

104年六房天上聖母過爐安座吉祥文疏

103 年過爐，斗南股臨時紅壇內殿，六房媽與各地宮廟信眾的客神（徐雨村攝 2014/5/11）

103 年過爐斗南臨時紅壇，各地前來參拜的信眾（徐雨村攝 2014/5/11）

二、在爐：由臨時紅壇到紅壇

　　過爐的第三天，由爐主招募隊伍，將臨時紅壇內的六房媽及四將公請出安置在神轎內，在輪值庄頭遶境後，進入紅壇安座，稱為「在爐」。若是在過爐當天因行程縮短，導致庄內某些區域未依原定路線完成遶境，則在此時補行。自99年起，正駕、老副駕、副駕等三頂神轎分由今年、明年、後年輪值的庄頭負責。土庫順天宮哨角隊每年都會協助。

101年大北勢股在爐　大北勢天聖宮媽祖乩駕開天公爐、淨壇、淨聖母爐，四將公入紅壇組圖（徐雨村攝 2012/5/8）

六房媽從臨時紅壇回駕紅壇時，在隊伍出發後，臨時紅壇即舉行謝壇儀式，犒請守衛紅壇兵將的辛勞。[8]這也象徵著臨時紅壇的神聖空間告一段落。工作人員隨即拆解臨時紅壇的各項物件，視需要送到紅壇，或個別歸還。

六房媽駐駕紅壇前，村廟主神乩駕會先行抵達，舉行開天公爐、淨壇、開金爐儀式。

遶境結束後，六房媽及四大將進入紅壇安座。至此過爐圓滿完成，由爐主繼續負責掌理相關祭祀事宜，信眾可隨時到紅壇向六房媽祭拜致敬。

103-104 年斗南股六房媽紅壇內壇（徐雨村攝 2015/1/28）

---

8 另據爐主手冊記載，臨時紅壇謝壇儀式所需物品包括 1. 符令，2. 三牲，3. 五惺，4. 壽金、二五金、甲馬金各一大捆，5. 炮，6. 72 個素碗。

第五節　神尊迎請固定日

　　各個庄頭廟宇宮壇或神明會在其主神誕辰時，會到紅壇迎請六房媽前往庄頭遶境，並作客兩到三天，供信眾參拜，這成為各庄頭除了參與六房媽過爐之外，另一個重要的六房媽慶典活動。民國67年，管理委員會成立後，將有意繼續迎請六房媽者列入「固定日」的資格，如果該庄頭、神明會迎請六房媽已成定例，則會登記為「固定日」，擁有優先迎請六房媽的權利。這些庄頭只需在迎請日之前與爐主連絡，當天帶領神明大轎、陣頭來到紅壇接駕即可。這是各庄頭在過爐日之外，維繫跟六房媽關係的重要連結。

　　六房媽會編印的《迎請六房天上聖母鑾駕相關事項彙編》，將「固定日」迎請庄頭及廟宇列在上面。依六房媽會的規定，庄頭迎請六房媽以三天兩夜為限，不過這不是完整的三天兩夜。由於迎請六房媽的庄頭與個人相當多，在登記送回六房媽的那一天可能就會有其他的庄頭便要接著迎請，而且所有的交接工作必須在紅壇裡面進行，為求交接順利且不出差錯，負責當天送回六房媽的庄頭必須在中午十二點之前送回。

　　迎請六房媽必須辦理登記手續，以庄頭或廟宇的爐主為負責人，檢附居住地村里長或該管派出所發給的證明書，並且連同保證人出具身分證及私章一起辦理。負責人與六房媽爐主共同清點神像上各項配件，確認一切無誤之後，雙方在保證書上蓋章，才算完成手續。

　　一般而言，各庄頭設定「固定日」多在農曆三月、十月及十一月，前者是「帝爺生」及「媽祖生」，亦即玄天上帝及天上聖母誕辰；

後者是「謝平安」，是酬謝神明賜予一年平安的慶典。若有兩個庄頭的慶典同時舉行，必須同時迎請六房媽的話，會採取單雙數年輪流迎請的方式進行。

　　除了五股以及「固定日」迎請庄頭之外，還有一些庄頭或廟宇會零星參與迎請六房媽。由於不具有類似固定日一般的迎請權利，這些團體必須向爐主登記或事先知會，過爐當天的凌晨十二點開始，爐主便會拿出迎請登記簿供大家登記。這登記簿已將所有固定日列註，其他團體只能在剩餘空格中選取日子，或改請老副駕以外的五尊副駕。

　　在民國81年雕塑老副駕之前，固定日皆是迎請正駕或「大令」。有了老副駕之後，若干股外庄頭即改請老副駕。民國89年時改變正駕神尊迎請方式，五股以外的宮壇及信眾不得迎請六房媽正駕，改為迎請老副媽，股內公廟只有每年一次的固定日可以迎請正駕。到了民國98年，為了保護正駕神尊的完整性，在五股耆老與股外公正人士的見證之下，向六房媽請杯，請示是要由98年將軍崙小爐開始不再迎請六房媽正駕，或是由過港小爐開始不再迎請。最後，向六房媽請示結果為自民國99年土庫過港小爐當年度起，庄頭或個人就不可再迎請正駕。正駕除了經過五股決議而出巡之外，均在紅壇鎮殿。原先固定日可以迎請正駕的股內庄頭，此後改為優先迎請老副駕。

　　民國103年，登記在案的固定日庄頭有51個（如表4.4所示），就其內容來看，可將這些庄頭及廟宇分為三類：

1.五股庄頭

共有31處。

表4.4　103-104 六房媽庄頭及廟宇迎請固定日一覽表（日期為農曆）

月	日	股別／地名	庄別	備註	月	日	股別／地名	庄別	備註
5	1-3	臺中市	六房媽會		11	2-4	斗六	下庄	
5	4-5	斗南	田頭	玄龍宮	11	4-6	大北勢	大北勢	
5	27-29	過溪	大路墘		11	6-8	五間厝	五間厝	
6	4-10	埔里	六房媽會	過爐	11	8-10	斗南	新厝寮	
6	11-14	內湖	六房媽會		11	10-12	斗南	將軍崙	
6	14-16	虎尾	新吉里		11	12-14	西螺	頂崙仔	
6	17-19	五間厝	頂埤頭	雙數年	11	14-15	田寮	受天宮	
6	17-19	斗南	崙仔寮	奇數年	11	15-17	中坑	奉天宮	
7	6-8	五間厝	紅瓦磘		11	18-20	五間厝	二重溝	
8	11-13	過溪	惠來厝	晉天宮	11	21-23	斗南	新厝仔	
9	8-10	過溪	下竹圍 溪埔廍 汕尾	神轎 娘傘 日月扇	11	20-21	五間厝	中埤仔	
9	14-16	土庫	過港		11	23-25	斗南	烏瓦磘	
9	18-20	大林	中林	永壽宮	12	21-23	過溪	惠來里	
10	1-3	過溪	下過溪	慈惠堂	1	5-7	大北勢	保長廍	神轎 娘傘 日月扇
10	5-8	板橋	朝聖宮		1	7-9	古坑崁腳村	崁腳 溪底寮	偶數年 奇數年
10	11-13	過溪	頂過溪		1	10-12	過溪	三塊厝	
10	14-16	土庫	竹腳寮		1	14-16	大林	上林	
10	21-23	斗南	瓦厝仔		1	17-19	大北勢	林仔頭	
10	24-26	板橋	慈惠宮		2	1-3	過溪	大庄	
10	27-29	虎尾	尾園		2	2-3	土庫	竹腳寮	杯選 過爐日

月	日	股別／地名	庄別	備註	月	日	股別／地名	庄別	備註
2	9-11	五間厝	二重溝	杯選爐主	3	3-4	大北勢	中庄	雙數年
2	16-18	士林	奉聖宮		3	3-4	五間厝	下埤頭	奇數年
2	18-20	西螺	三源		3	15-17	大林	沙崙	
2	27-29	過溪	崁仔腳	過溪	3	20-22	斗南	順安宮	
3	2-3	過溪	大庄	雙數年	3	22-24	土庫	順天宮	
3	2-3	斗南	崙仔	奇數年					

2. 地緣相近

與五股地緣相近的庄頭分別是：西螺的頂崙仔、三源，虎尾鎮新吉里、尾園，斗六市下庄，斗南田頭玄龍宮。

雲林縣古坑鄉及嘉義縣大林鎮的六個庄頭，與五股所在位置相距十公里左右；相傳他們是被大水沖散的那一股，遷移到當地居住的聚落。包括古坑鄉的溪底寮、崁腳，大林鎮的中林、中坑、上林、沙崙等地。

3. 分會及分壇宮壇

遷移到外地的五股信眾及結緣者會在當地的廟宇或私壇奉祀六房媽，並在慶典時，迎請六房媽前往當地供信徒參拜。目前有六處設定「固定日」。分別是：臺中市六房媽會、埔里六房天上聖母會、內湖六房媽會、板橋朝聖宮、板橋慈惠宮、士林奉聖宮。

下圖為民國103年10月11日，嘉義縣大林鎮中林永壽宮前來紅壇，迎請六房媽老副媽的場景，包括武館、曲館、神轎，以隆重的禮

數展現他們對六房媽的虔誠。

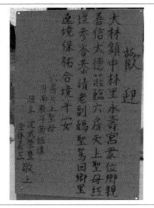	
爐主歡迎中林永壽宮迎請六房媽的告示	中林永壽宮曲館金樂軒奏樂

中林請來的陣頭桃園玄城轎班會在紅壇內參拜	安坐在龍椅上，準備前往中林作客的六房媽老副媽

嘉義縣大林鎮中林永壽宮，固定日迎請六房媽組圖（徐雨村攝 2014/10/11）

第 5 章
傳說故事與信仰變遷

第一節　六房媽的相關傳說

　　六房媽的傳奇故事很多，這些充滿神蹟的傳說隨著每年過爐活動，一再加強信徒對於其神格塑造的想法與認同。除了第二章描述的起源傳說之外，在此略述六房媽的避難傳說以及股內傳說。這些傳說分別解釋了六房媽的由來、日治時期躲避宗教迫害的景況，以及各股對於六房媽神蹟展現的敘述。

　　股內傳說包含了信徒如何看待「六房」與「五股」的變遷，土庫股為何被認定為「與六房媽淵源甚深」的一股，以及各種祭祀範圍內神蹟與傳說。箇中解釋可視為信徒對六房媽信仰的詮釋，並隱約呈現各股之間的利害衝突。

一、土庫避難傳說

　　土庫股的信眾最津津樂道之事，便是六房媽移駕土庫「避難」。日治末期，日本政府唯恐臺灣人民利用宗教信仰從事抗日活動，刻意壓制民間信仰活動，查禁甚嚴。臺灣總督府下令拆除轄內寺廟，當時的斗六郡長更下令焚燬轄區內所有神像，因此有許多寺廟神像均遭破壞。

　　日本政府推動皇民化運動是自1936年小林躋造總督開始，其皇民化運動是一連串總名為「國民精神總動員運動」的社會動員，具體內容含廢止報紙漢文欄、廢止中國式風俗習慣、實施日本式日常生活、

推行常用國語、強制參拜神社、寺廟整理、改日本姓名等。[1]在雲林地方流傳著六房媽至土庫順天宮躲避「寺廟整理」的傳說，五股的信徒也多承認六房媽與土庫順天宮具有淵源[2]，在日本皇民化運動中，原本奉祀在順天宮前殿的天上聖母、列位正神以及六房媽都退居後殿奉祀，藉此躲避風波。

至於六房媽爲何會在順天宮避難？陳興洲表示[3]，當時輪值股爲五間厝股二重溝（屬斗六郡），六房媽降乩明示「將金身速即前往隸屬虎尾郡的土庫」。爐主召開老大桌會向六房媽以筊杯請示，經老大桌會決議，決定由兼任臺灣製糖株式會社委員的過港保正林昭頂協同過港人士劉營、林石松肩負維護神尊安全之重任，以小轎護送，越過虎尾溪從竹腳寮上岸直奔過港，經土庫股老大決議藏匿於林昭頂住宅。

自斗六郡焚毀神像之後，虎尾郡也加速執行。林昭頂深感日本政府施壓益加沉重，擔心無法再以其保正身分來保護六房媽神尊，於是商議將六房媽移駕到土庫順天宮避難。當時順天宮重修董事篠崎喜代吉對媽祖十分虔信，惟恐甫經重修的廟宇慘遭損毀，於是設法接洽日本「古義眞言宗臺灣開教計畫案」，申請加入爲第34所關係寺廟，成

---

[1] 吳密察。〈民俗臺灣發刊的時代背景及其性質〉，刊於《帝國裡的「地方文化」──皇民化時期臺灣文化狀況》，吳密察等著，頁63。

[2] 黃漢偉2010年於土庫順天宮取得《雲林土庫順天宮》簡介手冊，其中收錄〈土庫順天宮沿革史略〉，記載昭和15年（1940）因爲日本施行皇民化政策並由總督府下令臺南州轉飭斗六郡、虎尾郡成爲第一批執行區，拆除焚毀寺廟神像。相關報載參見《中國時報》2010年3月7日A8版，《人間福報》2011年1月19日9版。

[3] 可參見陳興洲整理，林石松、石耀祺口述，〈六房媽移駕土庫避難──一段臺灣光復流傳的眞實故事〉，2009，手稿。

林石松先生參加過港紅壇動土典禮（當時高齡98歲）（林啓任
攝2009）

立「臺南州虎尾郡土庫庄土庫支部」，成爲「高野山大師教會支部」；
日本遂派群馬縣新田郡澤野村下濱田眞言宗古義派吉祥寺住職黑澤祐
城擔任教師兼支部長，於昭和15年（1940）1月21日前來順天宮住持，
並從日本群馬縣新田郡吉祥寺迎請觀世音菩薩神尊（編號卅三番），至
順天宮正殿奉祀。同年2月20日，林昭頂參加黑澤祐城法師在順天宮
三官大帝殿所舉辦的眞言宗信徒入信式。順天宮天上聖母、列位正神
與六房媽則暫時退居後殿（今觀世音菩薩殿）供奉，方能逃過日本政
府損毀。爾後順天宮先後接受日本高野山大師教會令派橫山雅道、中
野祐謙、川島晃純、深田寬信（寬山）等布教師前來住持傳教，直至
戰後。

　　從此，六房媽與土庫順天宮天上聖母成爲當時斗六郡、虎尾郡內

僅存珍貴、極具歷史價值的神尊。民國34年臺灣光復，天上聖母回歸正殿供奉，日本觀世音菩薩亦與順天宮觀世音菩薩回歸後殿供奉，永遠留駐順天宮，同享善信之香火與崇敬。

據95年的〈六房媽誌〉記述，臺灣光復後六房媽神像由各股長老輪流迎奉，信徒都希望繼續舉辦六房媽過爐活動。各股大老研議後，確定依傳統輪祀方式舉辦過爐。土庫股長老提議，念及當地保管六房媽神像多年的情感，由土庫股開始重新計算過爐順序，至35年過爐日移交給五間厝股。各股長老也因感念土庫護駕的功勞而贊同此議，在六房媽聖杯指示後定案，於35年由土庫股過爐至五間厝股。並決議每年農曆3月23日媽祖聖誕時，由土庫股固定迎請六房媽，農曆9月15日由過港迎請。[4]

林庚申另外補充了五股重迎六房媽過爐的傳說，指出當年首次重新展開過爐慶典時，由於土庫股信徒對六房媽神像產生不捨的情感，於是仿製了幾尊六房媽神像混入神龕，企圖混淆眾人視聽；幸賴六房媽託夢指點需選擇一尊鼻頭停有蒼蠅的神像，才解決了其他四股的疑慮，顯現五股之間其實存在著彼此競合的連結關係。

二、股內傳說

1. 六房變五股的記憶

六房媽信仰如何從原本「六房」轉變成「五股」的組織形式？依據傳說是先由「六房」轉變成「五房」，直到開放外姓參拜，選任第一

---

[4] 土庫股耆老石耀祺、林石松口述，陳興洲考證整理。

位外姓爐主之後，才正式過渡到「五股」的組織形式。若依據房股傳說，六房媽的輪祀組織應有六個，對於為何缺少一股的說法亦是眾說紛紜。

在53年的〈六房天上聖母寶像之歷史及靈感〉中描述，六房中的烏麻園股因涉及竊取六房媽的金銀，遭受五股不滿而排擠除名，又受神力發揮，日日不安，導致庄名及庄頭全數不存。

〈六房天上聖母史蹟〉傳說提到，位於虎尾溪崙仔的堂兄一房被大水沖散，而大抵形成今存的五股樣貌，因洪災氾濫而移居古坑、大林一帶，分布的七個庄頭包含古坑鄉的山豬窟、溪底寮、崁腳，以及大林鎮的中林、中坑、上林與沙崙等地，溪水氾濫所導致的遷徙成為大林地區信徒的共同記憶。[5]

另外，在《雲林縣民間文學集6──閩南語故事集（三）》記錄的六房媽起源傳說依舊保有渡臺的時空背景，描述一名未婚女子終身未嫁而歿，其兄弟感念長姊的親恩，遂決議每年由兄弟其中一人輪祀，後來有一房因為涉嫌私吞公款而遭受災厄，只剩下兩庄頭的人員劫後餘生，經六房媽指示而遷往大林鎮員林仔（上林、中林），而後該房每年正月15日均會前來迎請六房媽，以此作為解釋如今僅剩五股的事實存在。

然而，根據隨機訪談所得，大林地方人士對於傳說中某些版本的說法出現「倒房」一詞表示不滿，特別強調「沒有倒房」的事實，而

---

5 可參見徐雨村，〈雲林縣六房天上聖母的祭祀組織〉，《臺灣文獻》，48卷1期（1997），頁110；周益民，《大林鎮宗教變遷的社會史分析》，南華大學亞洲太平洋研究所碩士論文（2000）。

是眾人選擇「退股」的結果。他們認為，這是起因於分旗腳制度的經濟負擔甚鉅，地方無法負荷滿足股內要求因而自願退出。近來也有重返六房五股的聲音，強烈表達重返輪祀順序的意願，希望能夠還原信仰傳說的原貌。但重回股內輪值牽涉甚廣，除了考量五股與大林的兩地距離之外，在於加入新的一股勢必引發所有庄頭輪值順序的變動及輪值間隔時間的延長，攸關所有庄頭的權益，因此多年以來一直懸而未決。

截至目前，在沒有其他替代方案與討論之下，大林依然被排拒在五股之外。如今在中林，除了祭祀「松樹尊王」的庄頭廟「永壽宮」會於農曆10月18日松樹尊王聖誕迎請六房媽前往搵庄、犒兵外，庄內尚有六房媽的分靈宮壇。雖然不列入輪值六房媽爐主的五股範圍之內，但因昔日的淵源使得古坑與大林都享有固定日迎請權利。

2. 六房媽過溪──草嶺潭潰堤

昔日的草嶺潭位處雲林縣古坑鄉與嘉義縣梅山鄉之間，其水量與日月潭、珊瑚潭相近。民國40年5月，因草嶺潭連日豪雨滂沱，雨量達120釐米之多，導致草嶺潭水位激漲，原有的溢水口遭到部分沖毀，潭水因無法及時宣洩而湧出，瞬時水壩潰堤，洪水一瀉而下，彰化縣北斗區濁水溪一帶以及雲林縣草嶺潭各地受災嚴重。

當時草嶺潭有74人罹難，民眾死傷30餘人，財物損失慘重，雲林縣府安置500餘人至斗六、西螺等地，並動員民工1,400餘人搶修堤防。潰堤時，適逢六房媽由土庫股過港過爐至五間厝，正當遶境隊伍行走到竹腳寮準備涉水跨過北港溪時，溪水暴漲，對岸的其他陣頭因無法涉溪，只能留在原地等待接駕，沒有信眾敢冒然涉水前進。

正當時間一分一秒慢慢流失時，六房媽突然馬上抓青乩（指借用當地乩童或非經訓練者擔任乩身），乩童拿起寶劍開始作法後，指示：「欲過去兮人，磕著神轎就會當過去」（想要過去的人，只要碰觸到神轎就能過得去）。此時，乩童與神轎直接走下溪中涉水前進，所有信眾一個拉著一個，溪水有如被分割成兩半，只要有接觸到神轎者就能渡過湍急的溪水，最後全員平安抵達對岸。這件事情至今依然是當地人津津樂道的神蹟。[6]

3. 土庫股的過港六房媽記憶

在土庫過港的「六房天上聖母廟」是五股首座以六房媽為主神的分靈宮廟。六房天上聖母廟傳說溯源至光緒17年（1891），過港地區民眾希望雕塑六房媽副駕，恰巧該年八月有信徒問事，六房媽降乩於郭定坤，諭示林錦鑑云：「吾有一妹，為八寸六神尊，自福建渡海來臺，海上遇難，現流落海口漁村，汝等當儘速前往尋回奉祀。」

神像迎回之後，最初是由過港庄民擲選爐主輪祀，至1997年才建廟入火安座，成為「過港天上聖母廟」的主神。當地人認為這是六房媽最早的副駕，時至今日也衍生全臺多處分靈。

4. 其他神蹟流傳

曾經受到媒體報導的六房媽神蹟是SARS顯像與水岸尋屍。在92年SARS肆虐期間，輪值股的虎尾汕尾紅壇的牆面上，在過爐前夕浮現了六房媽的顯影，於是過爐儀式照常舉辦，信徒都傳言是六房媽將

---

[6] 口述者：1. 陳林素貞，當天下大雨提早放學回家，跟母親至北港溪畔親眼看見此事。2. 陳興洲，聽父親說過此事。3. 魏景宏，聽朋友說過此事。4. 黃三洋，父親有親眼見過，並提起此事。

協助抗煞，一時傳爲佳話[7]；而嘉義大林鎮民於雲林魚池溺斃，家屬苦尋無屍首，最終迎請六房媽坐鎮協助下如願尋獲，亦成爲信徒傳頌的神蹟。[8]

另外，六房媽對於信徒的慈悲照護，較爲人所津津樂道的，又如紅壇內的藥籤靈驗屢屢讓人稱奇，信徒間也相互流傳，故有報導人回憶昔日斗南的中藥房，常可見到信徒拿著六房媽藥籤求醫，其藥籤醫療傳說也不斷在紅壇傳頌。

在過爐傳說方面，五股流傳由於大北勢的人口與財勢相對不足，因而每每輪值到大北勢股的過爐日都會下雨，報導人都解釋如此當天參加過爐、分旗腳的人數會因此較少，減輕大北勢股的財務負擔，是神祇體恤信徒的處境。另外，因應過爐活動所搭建的臨時紅壇往往建置在休耕農地上，據聞信徒樂意借地的緣由除了是一種榮耀，也會帶來往後農作的豐收，信徒將之視爲六房媽的慈悲神恩展現。

三、傳說的意義

六房媽的傳說帶有各地方口傳的分歧差異，反映出民間信仰傳說的包容性。雖然信徒大多不能明確說出六房媽的身世由來，起源傳說多半來自扶鸞，有待進一步考證，卻也豐富了六房媽的傳奇性。真正能夠驅使信徒前往禮敬六房媽的不僅是傳說內容，而是透過信仰力量所得到的心理慰藉，正如許多信徒所描繪的慈悲女神形象。

7　謝進盛，〈六房媽祖遶境 信徒祈求抗煞〉，《聯合報》2003 年 5 月 16 日 B2版。

8　莊亞築，〈符咒沉入水 死屍浮上來〉，《聯合報》2008 年 3 月 19 日 A11 版。

　　過爐是五股各庄頭的共同慶典，但各股對於六房媽信仰各自有其獨特詮釋：有的是六房媽信仰的進一步延伸，如土庫股過港六房媽的姊妹傳說；有的是展現六房媽親民慈愛的神恩，如大北勢股每逢輪值過爐就會下雨的傳說；又有的是彌補第六房記憶的空白，如對於六房五股的解釋與嘉義大林鎮的說法。在這些詮釋與再詮釋的過程中，信仰不斷發生變遷而信眾亦不斷整合。

　　撇開五股群體彼此較勁的爭端，這些傳說實質上記錄、保存了信仰的細節與傳奇。若以文化資產角度來看，則必須將這些傳說視為信仰的記憶拼圖，做為補充記憶斷層的詮釋材料。將傳說、記憶視為群體對信仰的展現，形成可供信眾「記憶」的材料，在不同時間提供個人、集體或官方做為回溯與記憶的依據。

第二節　信仰規模的擴大

　　六房媽信仰隨著雲林籍的股內居民向外發展，而陸續分靈至其他縣市，另一方面也有少數因為交通便捷、靈感經驗等因素而迎請分靈的外地信眾，形成六房媽在股外的信仰影響範圍。其他則有「迎請固定日」中不屬於五股範圍內的雲林、嘉義各地的庄頭或宮廟祭祀團體，亦可視為六房媽信仰的擴大影響範圍。截至目前為止，六房媽信仰在外縣市分靈組織型態可區分為「各地分會」（參見第二章第六節）、「分靈宮壇」與「在家奉祀」等三種。以下就分靈宮壇與在家奉祀討論：

一、分靈宮壇

　　六房媽分靈宮壇大多以六房媽爲主祀神，也配祀許多不同性質、功能的神祇。宮壇規模視主事者經營的程度而不同，由於六房媽由五股設置紅壇輪祀，年年更換爐主，在交接時未能有效傳承與各地分靈宮壇的連繫狀況。外地分靈宮壇也因每年紅壇易位、爐主交接而欠缺單一接洽窗口，因此在分靈的追蹤與記錄上較難掌握全面。目前已知分靈宮壇遍及臺北、桃園、新竹、苗栗、臺中、雲林等地。

　　黃漢偉以臺北地區分靈宮壇爲例，整理出供奉六房媽分靈的分布範圍主要在移民遷徙至臺北幾個近郊區域所形成的新市鎮，諸如樹林、板橋、中和、三重、士林、北投、汐止、松山[9]、公館[10] 和內湖一帶，因爲土地等經濟因素，通常規模零碎而鬆散，信仰形式較多爲位於住宅區的供奉。

　　除了以六房媽爲主祀神之外，臺北地區亦有慈賢宮將六房媽列爲配祀神，主祀輔信王公。經營者原爲斗南股信徒，原本即祭拜輔信王公爲家神，直到北上工作、定居之後才將六房媽香火迎請到臺北。因長子被神明選爲乩童而開設宮壇辦事，每年在紅壇過爐期間也會於當天前往參拜。

---

[9]　可參見徐雨村，〈雲林縣六房天上聖母的祭祀組織〉，《臺灣文獻》，48卷1期（1997），頁110；周益民，《大林鎮宗教變遷的社會史分析》，南華大學亞洲太平洋研究所碩士論文（2000）。

[10] 目前記載臺北六房媽分靈宮壇的文獻中，以民國69年4月〈恭請六房天上聖母固定日期表〉所載申請固定日資料顯示，公館地區爲臺北最早迎請正駕的據點，然而黃漢偉於99年依址往訪時已人去樓空。另據紅壇的記錄簿，據聞已多年未再迎請正駕。

根據黃漢偉的田野觀察，在臺北以六房媽爲主神的分靈宮壇有兩處不同的香火發源地，分別爲五股的輪値紅壇，以及土庫過港六房天上聖母廟。在土庫因有「過港六房天上聖母廟」，爲了區辨起見特別分成「五股六房天上聖母」與「本境六房天上聖母」。或因雲林子弟外移，或因外地信徒根據其靈驗經驗，而拓展五股六房媽分靈範圍至臺北、臺中與高雄等處。在士林、北投一帶的六房媽分靈宮壇多半屬於過港六房天上聖母廟拓展的一個系列。

而在雲林地區五股範圍內，除了過港六房天上聖母廟同爲祭祀六房媽的宮廟之外，虎尾頂過溪的聖母宮於民國73年間成立建廟籌備會，庄內居民募款籌措遂於民國75年完工，奉祀六房媽、清水祖師與形府千歲，成爲當地庄頭信仰中心。[11] 另外，五股內亦有規模較小的宮壇主祀六房媽，如虎尾朝興宮是卸任六房媽爐主以其供奉的爐主媽所設的宮壇。

二、在家奉祀

在家奉祀的六房媽分靈，主要是雲林籍的信徒自家崇祀的家神，可以奉祀神像或令旗，並未提供其他信徒膜拜，主要的大事就是參與一年一度的五股紅壇過爐的活動。這類型的家神供奉，通常受限於居家環境的私密性與排外性，欠缺繼續壯大的發展條件。

這類崇祀形式確有可能進一步發展，倘若家神得到若干信徒的承認與膜拜，因此能逐步擴充爲規模不等的分靈宮壇；反之，分靈宮壇

---

[11] 參閱黃蘭櫻，《雲林縣寺廟文化專輯》（1955），頁123。

若遭遇營運困境也有可能退居為一般家神崇祀，顯見分靈宮壇及在家奉祀的經營形式具有一定彈性。

第三節　股內、股外：六房媽信仰圈的變遷

六房媽的祭祀組織具有兩個特色：有神無廟的神明會，委員會與爐主雙元制。推動神明會正常運作的動力來自「五股輪祀」和「分旗腳制」，既能嚴格劃分股內、股外的地域範圍分野及權利義務，也可強調信仰範圍與人群脈絡的連結。近年來面對分會與分靈宮壇的參與日漸擴大，信仰圈的相應變遷值得觀察。

如此，六房媽五股既維持傳統神明會的儀式慶典運作，保留慶典中地域輪祀的地方神性格，呈現完整的信仰圈系統，同時也由於此一封閉性格而強化了股內信徒對於「正駕神像」的特殊情感。

然而，在股外的分靈信仰團體擴展之後，傳統股內、股外的勢力界線有了新的發展。中華民國六房媽會希望納入股外力量以擴大信仰範圍，各地分會就在此一契機下獲得突破性的發展。就迎請固定日來看，傳統上信徒可採個人或團體名義向值年爐主登記迎請六房媽正駕，民國98年中華民國六房媽會考量正駕年代久遠，經常搬動會有安全風險，因此發布正駕自99年過爐起不得請出紅壇的禁令。然而，在此禁令實施不到兩年之際，於民國100年提案舉辦「六房媽北巡」，旨在壯大六房媽信仰的威望，增加知名度與曝光。惟因提案時間點過於敏感，路線規畫也呈現各方角力，且沿途難有空曠腹地以容納大批人

員物資，加上在會員大會難以統合各方意見，最後以「擲筊沒杯」做結。同年適逢建國百年，臺中六房媽會擴大舉辦當地的過爐活動，在臺中六房媽會爐主交接當天號召「全臺六房天上聖母大會香」[12]，廣邀紅壇、中華民國六房媽會的會員以及各地的分會宮壇等共同參與，首度展現股外分靈宮壇的串連力量。100 年之後，甫成立的新竹分會預告迎請六房媽正駕前往駐駕，在股內、股外造成衝擊，甚至引發社群網站連署串連「尊重會員代表會，反對六房媽離開紅壇」的活動。其中爭議點在於首度將正駕神像迎請至股外長達五天，是股內前所未見之事而引發反彈。[13] 至 101 年 12 月，中華民國六房媽會終於取得共識而主辦首度的六房媽正駕北巡（參閱本書 69 頁）。

　　從這些事件的觀察得知，六房媽信仰的運行除了仰賴爐主制度外，同時也圍繞在迎請正駕神像的權利上。傳統上以五股範圍為其信仰圈，隨著信仰擴大超越地方認同神層次而且擴大了影響區域，迎請正駕的禁令卻與擴展神威的需要有所牴觸，因此引發爭議。

　　就信仰組織的地域發展轉型而言，信仰圈的概念在六房媽信仰的應用也面臨困境，在人口遷移便利的現代，要如何界定所謂的股內、股外？如果以「股」來界定六房媽的信仰圈範圍，除了切割移居外地的股內人士之外，是否也忽略了移居至五股地域的移入人口，何況尚有其他信仰人口的存在。以六房媽會的運作情形來看，雖然依舊是以依附地緣關係的人群連結，來維持六房媽信仰的祭祀，但也開始接納

---

12 詳見〈全省六房媽祖 烏日遶境祈福〉，《聯合報》B1 大台中版，2011 年 10 月 10 日。

13 新竹分會公告迎請的消息是民國 100 年 12 月 3 日；而中華民國六房媽會第二屆第五次常務理、監事聯席會開會時間是民國 101 年 2 月 15 日，該次會議也顯示六房媽會逐步考量納入各分靈團體勢力，包含宮壇與分會。

來自「股外」的力量。正如分會開始能夠參與六房媽會的理事會，股外的庄頭宮壇列入六房媽正駕北巡、南巡範圍等，顯示移民的曖昧角色正在有限度地化解六房媽祭祀組織的傳統地緣關係。就六房媽的分靈宮壇而言，其中大多是來自雲林地區的移民，但也有外地人因為靈驗而分靈崇奉的案例，另外各地分會雖以雲林移民為主要發起人，卻也因為人際網絡的發展，而網羅了各地數量不等的信眾。

第6章
各股公廟、公壇、子弟陣頭

　　本章介紹六房媽輪值範圍「五股」的34個庄頭公廟、公壇，以及該庄子弟陣頭。以斗南股、土庫股、五間厝股、大北勢股、過溪股為序，再依103、104年過爐，各股各庄頭的陣頭順序排列。全部記錄總表請見表6.1。

　　目前在34個庄頭裡面，共有25個庄頭建有公廟，9個庄頭採行公壇爐主制。在五間厝股的斗南順安宮並非庄頭公廟，而是53庄大廟（轄區包括斗南、大埤、斗六、虎尾等地的53庄）。過溪股的頂過溪虎尾慈惠堂與西園虎尾持法宮，雖然六房媽過爐遶境經過此地，但不屬於在地庄頭村廟，就不列入本文範圍。各項庄頭神明及陣頭資料，皆由羅偉嘉訪問記錄攝影，徐雨村整理編輯。

　　各庄的內容敘述包括下列幾項：

1. 村庄名、廟宇名或公壇主神名

2. 地址、電話（公壇則列出丁口錢收取範圍的村里鄰單位）

3. GIS定位點（公壇則無）

4. 主祀神、旁祀神

5. 沿革：主要參照廟宇石碑或出版品所示的沿革，因篇幅所限，文中略加節縮改寫。如該廟或公壇無沿革記載，則請報導人採用口述記錄之。

6. 歲時儀式活動：主要慶典的主神及時間、迎請六房媽至該庄遶境的時間等。

7. 子弟陣頭：名稱、師承及概況敘述。

8. 受訪者及時間：尊重報導人是否具名之意願，可能顯示爲不具名或僅留姓氏。

9. 照片：基本照片包括廟宇正面全景或廟門、廟宇主神。另加公壇神明、陣頭的照片。

表6.1　五股各庄頭參與六房媽過爐之村廟、神明會、陣頭記錄總表

編號	股別	庄頭名	村廟名稱	主祀	旁祀	本庄陣頭名稱
01	斗南股	新厝寮	新興宮	天上聖母	開漳聖王（陳聖王）、福德正神、註生娘娘	勤習堂
02		烏瓦磘	保安宮	保生大帝	五穀先帝（左）、註生娘娘（右）	鳳山館
03		新厝仔	善觀寺	觀音菩薩	神農大帝（左）、福德正神（右）	勤習堂
04		崙仔	進興宮	玄天上帝	文昌帝君（左）、註生娘娘（右）	鳳山館
05		崙仔寮		池府千歲		鳳山館
06		將軍崙	溫磘宮	溫府千歲	城隍爺（左）、福德正神（右）	勤習堂
07		斗南市區五里	代天宮	朱、李、池府千歲	文昌帝君（左）、玄壇元帥（右）、城隍、福德正神、中壇元帥	無
08	土庫股	竹腳寮	金府宮	金府千歲	池府千歲、天上聖母（二媽）、三山國王、中壇元帥	振興社金獅陣
09		土庫	順天宮	天上聖母	神農大帝（左）、玄天上帝（右）	哨角隊、龍陣
10		土庫	鳳山寺	廣澤尊王	妙應仙妃、順正大王	無
11		過港	六房天上聖母廟	六房天上聖母	文昌帝君（左）、註生娘娘（右）	龍團

編號	股別	庄頭名	村廟名稱	主祀	旁祀	本庄陣頭名稱
12	五間厝股	斗南五十三庄大廟	順安宮	天上聖母	福德正神（左）、註生娘娘（右）	轎班會
13		二重溝	眞武殿	玄天上帝	城隍爺（左）、福德正神（右）	二重溝鳳山館（獅陣）
14		五間厝	順安堂	清水祖師	城隍尊神（左）、福德正神（右）	勤習堂
15		紅瓦磘	照瑤宮	七星娘娘	玄天上帝、福德正神（左）、註生娘娘（右）	紅瓦磘鳳山館
16		埤頭	泰德堂	關聖帝君	神農大帝（左）、福德正神（右）	勤習堂
17		中埤頭	玄武宮	中壇元帥	神農大帝（左）、註生娘娘（右）	永春館
18		頂埤頭	泰安殿	池府千歲	李府千歲（左）、范府千歲（右）	武野館（金獅陣）
19	大北勢股	保長廍中庄	保玄宮	北極玄天上帝	神農大帝（左）、文昌帝君（右）	無
20		保長廍下厝		玄天上帝		無
21		保長廍頂庄	保清宮	清水祖師	黑面三媽（左）、註生娘娘（右）	金獅館
22		大北勢	天聖宮	天上聖母	神農大帝（左）、福德正神（右）	武德團
23		林仔頭	進天宮	池府千歲	地藏王菩薩（左）、福德正神（右）	勤習堂

編號	股別	庄頭名	村廟名稱	主祀	旁祀	本庄陣頭名稱
24		大庄	北極殿	玄天上帝	天上聖母（左）、福德正神（右）	永春館宋江陣
25		三塊厝	姚正宮	姚府千歲	關聖帝君（左）、福德正神（右）	勤習堂
26		溪埔廍		中壇元帥		春盛堂
27		下竹圍		中壇元帥		春盛堂
28		中興		六房天上聖母		無
29		汕尾		中壇元帥		無
30	過溪股	頂過溪	聖母宮	六房天上聖母	福德正神（左）、神農大帝（右）	頂過溪聖母宮金獅陣
31		崁仔腳	順天宮	玄天上帝	文昌帝君（左）、註生娘娘（右）	布家金獅陣
32		頂竹圍		觀音佛祖清水祖師		布家金獅陣
33		下過溪		觀音佛祖清水祖師		勤習堂
34		下惠來	惠聖宮	天上聖母（四媽）、中壇元帥	城隍爺（左）、文昌帝君（右）	勤習堂
35		大路墘		中壇元帥		布家金獅陣
36		頂惠來	晉天宮	李府千歲	註生娘娘（左）、福德正神（右）	勤習堂、神將會

一、斗南股

1. 新厝寮新興宮

斗南鎮新光里光聖路62號　05-5972641

GIS定位點　120°29'13.4"E / 23°41'12.1"N

主祀神：天上聖母

旁祀神：開漳聖王（陳聖王）、福德正神（左殿）、註生娘娘（右殿）、
　　　　中壇元帥、觀音佛祖、北斗星君、南斗星君

　　據〈新厝寮新興宮沿革誌〉記載，本庄天上聖母、中壇太子相傳皆由先民從大陸奉請金身渡海來臺，因最先定居者係由福建省漳州府移居之陳姓，故奉祀開漳聖王以及福德正神。臺灣光復之初，再由郭姓信士雕奉觀世音菩薩奉祀，成為本庄五大信仰主神。

　　民國67年5月興建委員會成立，68年7月動工，71年12月9日入火安座。宮名取自新厝寮之「新」，取其日新又新，及「興」財丁旺之意。

　　每年農曆3月23日天上聖母聖誕，作戲宴請友宮。農曆11月9日謝平安，8日前往紅壇請六房媽神尊來廟裡鎮廟慶祝，11日結束後送回紅壇。迎請六房媽事宜由爐主、副爐主、五名頭家負責。

　　子弟陣頭為勤習堂（文獅），大約在光復前就已成立，曾由陳進玉老師傅教學，現由陳進發與李新堂負責。目前成員約30人，每週五、六晚上7點在廟前廣場練習約2小時。主要出陣場合為六房媽過爐、謝平安。經費來源是獅陣在大年初一前往各家戶拜年，扣除給每位參

與小朋友的紅包錢，剩餘款項列爲公基金，其餘不足部分自籌。

（報導人：主任委員陳榮吉，103 年 10 月 27 日）

| 新興宮 | 主神 天上聖母 |

2. 烏瓦磘保安宮

斗南鎮東明里成功路37-1 號

GIS 定位點　120°30'17.5"E / 23°30'25.2"N

主祀神：保生大帝

旁祀神：五穀先帝（左殿）、註生娘娘（右殿）、中壇元帥

　　「保生大帝」吳眞人，傳自部落興起，先民由大陸福建省白礁分香渡海來臺，迄今二百餘年歷史，每年筊杯選任爐主輪年奉祀，並訂農曆3月15日爲祭典之日。至民國61年庄民倡議建廟，配合活動中心興建，於2樓建造現址廟宇。

　　每年3月15日保生大帝千歲爲主要慶典，當天做戲酬神慶祝，11月13日謝平安，12日下午前往六房媽紅壇恭請六房媽來保安宮慶祝

遶境，並於結束後14日一早恭送回紅壇。

　　子弟陣頭：鳳山館（文獅陣）。現任館主曾致建，副館主曾昌善，師承年代已久遠。目前成員約有20多位。現階段只在需要出陣的前1個月練習，例如六房媽聖誕、本宮主神聖誕等場合。

（報導人：廟祝曾先生，103年10月27日）

| 保安宮 | 主神 保生大帝 |

3. 新厝仔善觀寺

斗六市江厝里新厝路

GIS 定位點　120°30'30.4"E / 23°40'20.9"N

主祀神：觀世音菩薩

旁祀神：神農大帝（左殿）、福德正神（右殿）、玄天上帝、濟公禪師、天上聖母、中壇元帥

　　善觀寺前身為善觀堂，先前奉祀在廖姓人家公廳，爾後因覺得跟該戶公媽一起奉祀不妥，直至民國96年籌備動土興建，民國98年2月19日落成。

　　每年農曆11月22日子時謝平安，11月21日到六房媽紅壇請六房媽來廟裡，沒有遶境。2月17日安五營，2月18日觀世音慶典讚揚，做公戲慶祝，2月19日子時拜拜。

　　子弟陣頭：勤習堂（武館）。成立年代已不可考，以前參加六房媽過爐時，是跟烏瓦磘合為1小爐，而後才分開進行，至於陣頭是否也從那時分開已不可考。陣頭目前沒有專人管理，都是四處調人來幫忙，真正人數才20多位。目前沒有固定練習時間，出陣時間都是在六房媽過爐、進香會香時。陣頭的經費都由廟裡公基金支付，或者信眾寄付居多。

（報導人：主任委員沈永深，104年7月15日）

善觀寺

主神 觀世音菩薩

4. 崙仔進興宮

斗南鎮阿丹里崙仔76之2號　05-5977142

GIS 定位點　120°29'37"E / 23°39'10"N

主祀神：玄天上帝

旁祀神：文昌帝君（左殿）、註生娘娘（右殿）、八卦祖師、孚佑帝
　　　　君、太上老君、關聖帝君、清水祖師、六房天上聖母、濟公
　　　　禪師、地母至尊、中壇元帥、池府王爺、福德正神、虎爺

　　據〈崙仔進興宮沿革〉（93年）摘錄：崙仔舊稱太高媽崙仔，供
奉神尊北極玄天上帝、清水祖師、中壇三太子。距今328年前（北極
玄天上帝降示），由本庄蒲姓弟子從福建泉州奉回六房天上聖母開基
源地（太高媽崙仔）供奉，每年各神尊聖誕由全庄弟子筊杯輪流產生
的值年爐主供奉，民國65年於現在廟下活動中心之東側設立天聖宮、
龍興宮供奉各神尊。民國76年組成進興宮興建委員會，於民國78年
安座入火。

　　農曆3月3日玄天上帝聖誕日，做公戲祝壽，並於2日前往六房
媽紅壇恭請六房媽神駕來本庄慶祝，3日一早恭送回紅壇。每月農曆
初1、15日安五營，由4位頭家負責4營，副爐主負責本庄福德宮（福
德正神），爐主負責本宮。每年11月份看日子謝平安。

　　子弟陣頭：鳳山館（文獅）。現任館主宋清俊，成員約20人，於
六房媽過爐前1個月練習。主要出陣場合是3月3日玄天上帝聖誕遶
境、4月份六房媽過爐時。經費來源是信眾捐款及自籌。

（報導人：廟祝沈照勝，103年10月25日）

進興宮

主神 玄天上帝

5. 崙仔寮池府千歲

無公廟，有公神信仰

主祀神：池府千歲

配祀神：福德正神

　　神像來由已有百年歷史，現在尚無廟宇，池府千歲神尊乃隨值年爐主，供奉在家中奉祀，每日由爐主早晚獻香。

　　每年農曆6月18日為池府王爺聖誕，17日下午去六房媽紅壇請六房媽來本庄作客並遶境，結束後回來至值年爐主搭建的臨時地點接受信眾祭祀，18日做戲酬神，19日一早再恭送六房媽回紅壇。

　　子弟陣頭：鳳山館（武館）。成立年代已不可考，約有上百年歷史，張桂城承接陣頭已有30多年。目前成員人數約有30人，在六房媽

過爐時有200多人隨同。目前只有在六房媽過爐前1個月練習，主要出陣場合在六房媽過爐、神明聖誕遶境時，經費來源信眾寄付、贊助。

（報導人：張桂城，104年7月15日）

崙仔寮公神

6. 將軍崙溫碴宮

斗南鎮將軍里將軍75號　05-5970595
GIS 定位點　120°29'43.0"E / 23°40'4.7"N
主祀神：溫府千歲
旁祀神：城隍爺（左殿）、福德正神（右殿）、司命真君、文昌帝君、
　　　　王恩主、天上聖母三媽、北極玄天上帝、四玄天上帝、中壇
　　　　大元帥、中壇二元帥、中壇三元帥、吳府三千歲、神農帝君

　　本庄先民分別自大陸迎奉溫府千歲、三天上聖母、中壇三元帥來本庄，由於神威顯赫，本庄於清代建置本宮奉祀之。民國17年重建。二次大戰期間，日人摧毀神廟，幸保正陳泉之鼎力維護，改為集會

所，確保一線之光。復由陳順將溫府、三太子暗中送往嘉義城隍廟避祀。光復後，由謝入、方柱往嘉義迎回，恢復舊觀。又因地震受創，地方人士陳寬永（曾任六房媽爐主）及里長陳瑞庭等人奔走下，56年重修落成。

農曆3月3日北極玄天上帝聖誕日為主要祭典，做公戲祝壽。11月12日溫府千歲千秋日，同時舉辦謝平安，有遶境與做公戲慶祝，並於紅壇請六房媽回本庄作客慶祝，結束後再恭送回紅壇。

子弟陣頭：勤習堂。目前成員約15位左右。目前不用練習，主要於玄天上帝聖誕日、六房媽過爐時出陣。

（報導人：未具名，約50歲，103年10月27日）

溫磘宮

主神 溫府千歲

7. 斗南代天宮

斗南鎮大安路46號　05-5964897

GIS 定位點 120°28'15.0"E/ 23°40'45.0"N

主祀神：朱府千歲（中）、李府千歲（右）、池府千歲（左）

旁祀神：文昌帝君（左殿）、財神爺（右殿）、城隍尊神、福德正神、
　　　　中壇元帥、中路財神趙元帥

依據《雲林縣斗南代天宮（王爺公廟）沿革》摘錄：斗南發跡初期，先民由福建泉州迎請朱、李、池、吳、范五府王爺於南部登陸，隨鄭成功部隊一路北上覓地墾荒，最後僅朱、李、池府王爺輾轉抵斗南定居，三府王爺金身三百多年來仍保存良好。乾隆元年（1736）地方先賢倡建王爺公廟。日本政府推行皇民化，大肆毀廟燒神。所幸王爺公神像由耆宿祕藏而倖免於難，可是王爺公廟敷地卻被沒收充公登記為斗南街役場（今之鎮公所）名下。

民國79年3月，斗南鎮長張勝雄再與復建促進委員會多次協商，同意提供市區五里活動中心二樓復建王爺公廟。民國80年由地方熱心人士籌組復建委員會。82年活動中心竣工，二樓代天宮興工建造，期間雖遭遇波折並改選委員，公推歐黃傳為主任委員，乃在眾善信支持下，終見硬體工程完成，民國85年11月入火安座。

昔日在每年農曆8月15日為本宮主神朱府王爺千秋日舉辦慶典，後改於4月26日李府王爺千秋日，也是本宮廟慶時同慶。當天會有酬神謝戲，舉辦流水宴席供信眾享用。

民國82年就成立誦經團，現有經生14位，農曆初1、15日晚上7

點到9點會來宮中誦經，農曆七月份也會來宮中練習誦經，以便普渡時需要。

　　本宮無陣頭，只有鑼鼓而已，在六房媽過爐時會參與過爐活動。

（報導人：廟祝劉先生、主任委員許良富，104年8月18、23日）

| 代天宮 | 主神 池府王爺（左）、朱府王爺（中）、李府王爺（右） |

二、土庫股

8. 竹腳寮金府宮

雲林縣土庫鎮溪邊里
GIS定位點　120°24'9.5"E / 23°40'16.5"N
主祀神：金府千歲
旁祀神：池府千歲、天上聖母（二媽）、三山國王、中壇元帥

　　本宮金府千歲源於何時已不可考，早期是由每年擲筊選出的爐主隨家供奉，直至民國95年陳健忠擔任社區理事長始有建廟計畫，不過廟地一直受阻，民國100年在庄民努力之下，才順利建廟落成。

　　主要慶典活動於農曆10月15日金府千歲千秋日，謝平安一併在同天舉行，有做公戲祝壽，14日就會去六房媽紅壇請六房媽神尊來庄裡共同祝賀並遶境，15日做戲酬神，16日結束後再恭送回紅壇。

　　子弟陣頭：振興社金獅陣。成立年代已不可考，由真仔師，傳至本庄老聰師、林連生師、張珠文師，陳健忠為現在陣頭負責人。現在學習的人數已很少，出陣大約60人。主要出陣場合是遶境、六房媽過爐，有需要就會出陣。經費來源由庄內合作，信眾贊助。

（報導人：陳健忠、張大廷，103年10月28日）

| 金府宮 | 由右至左——天上聖母（二媽）、金府千歲、三山國王 |

9. 土庫順天宮

雲林縣土庫鎮中正路109號　　05-6622658

GIS定位點　　120°23'27.0"E / 23°40'35.6"N

主祀神：天上聖母

旁祀神：神農大帝、玄天上帝、中壇元帥。後殿主祀觀世音菩薩，旁祀境主公（左殿）、註生娘娘（右殿），左廂供奉三官大帝及60位太歲星君，右廂奉祀文昌帝君

　　根據《雲林縣土庫順天宮沿革誌》摘錄：土庫順天宮創始於清順治初期，當時爲「土埆廟」，三百餘年前於今中正路橫越廟前公有市場草創廟宇。清道光14年（1834）動工興建前殿，道光20年（1840）興建後殿，供奉觀世音菩薩。咸豐二年（1852）重修前殿、敬聖亭及左廂，光緒二年（1876）補建右廂，至民國25年重修，民國27年農曆正月16日舉行慶成之典。

　　主要慶典是農曆3月23日天上聖母聖誕日，當天做公戲祝壽。3月22日前往六房媽紅壇迎請六房媽神尊來庄裡共同祝賀，23日一起參與遶境，24日再恭送回紅壇。農曆7月15日舉行普渡法會。每年擲筊選出爐主1名、頭家28-30名，負責聖誕千秋日所有祝壽活動。

　　陣頭或子弟團：哨角隊、龍陣、千順將軍、神轎班、神將團

　　（1）哨角隊

　　約民國90年間，因爲廟裡需要而成立了哨角隊，目前成員約40-50人。平時不用練習，每年有10餘次出陣機會，只要有神明聖誕或六房媽過爐之需要，都必須前往迎接。經費來自順天宮公廟基金。

　　（2）龍陣

　　約民國40-50年間成立，目前成員數約50人。龍陣目前已沒有練習，因爲每次出陣需要40-50人，且需耗費較多的體力，在人員老化、沒有人要練習承接的情況下，已較少出陣，不過陣頭依然存在。如果需要出陣的話，就在前1個月練習，主要場合是六房媽過爐，經費來自順天宮公廟基金。

（報導人：主任委員謝俊煌、總幹事林明德，104年3月4日）

順天宮

正殿主神 天上聖母

後殿供奉的日本觀音

10. 土庫鳳山寺

土庫鎮宮北里中山路225號　05-6623071

GIS 定位　120°23'30.9"E / 23°40'38.4"N

主祀神：廣澤尊王

旁祀神：妙應仙妃、順正大王

　　明崇禎八年（1635），由於福建泉州南安蓬島郭姓鄉民渡海來臺開墾時，當時土庫土地貧瘠，人民生活窮苦，為求風調雨順，保佑拓荒順利，所以奉祀隨身所攜帶故鄉的神祇廣澤尊王。最初的鳳山寺是茅草土牆建築，道光十二年（1832年）改建，道光三十年（1850年）竣工落成。主要慶典活動為農曆8月22日。現在廟內收藏「六見神光」、「六朝聖駕」對聯，係咸豐九年（1859）增修廟宇時所增置。此對聯為宋朝光宗皇帝出詩句給宰相應對時所傳下來，內容為：

　　見見見見見見神光（看得很清楚，有一道尊王的神光照進了宮殿。）

　　朝朝朝朝朝朝聖駕（每天早上在宮殿在作早朝時，尊王與大臣均向皇上拜早朝。）

　　土庫鳳山寺並沒有自組子弟陣頭，慶典時也未到紅壇迎請六房媽來慶祝。

（報導人：郭裕有、郭建太，104年9月23日）

11. 過港六房天上聖母廟

雲林縣土庫鎮越港里成功路3號　05-6627456

GIS 定位點　120°23'40.0"E / 23°40'23.5"N

主祀神：六房天上聖母

旁祀神：文昌帝君（左殿）、註生娘娘（右殿）

　　光緒17年（1891）過港地區信眾有感於六房媽之神恩，地方眾信士仍興雕六房天上聖母神尊之望。是年五股六房天上聖母降乩指示：吾有一妹自大陸渡海來臺，與過港有緣，現暫居海口方向，應從速派人迎回過港奉祀。信眾果然於海邊漁村尋獲一尊八吋六的神尊。是日為農曆9月15日，訂為聖母聖誕。早期未建廟前，由爐主於自宅奉祀；至民國86年10月11日建廟完成並舉行入火安座大典。

　　主要慶典活動於農曆9月15日六房天上聖母聖誕日，於14日到五股六房天上聖母紅壇迎請神尊回廟，共同祝賀，並參與遶境活動。當日做公戲祝壽，沒有請客，而五股六房天上聖母則於16日早上請回紅壇。10月15日謝平安拜天公。

　　子弟陣頭：以前九龍團，現在為龍團。在日治時期成立，以前是農業社會，人員比較容易聚集，現在工業社會，人員聚集不易，從民國90年以後就沒有了，屬於自娛娛人的娛樂性質，負責人是四年一任。現在的陣頭都去請民俗技藝團來幫忙，因此後來就沒有訓練陣頭，都請民俗技藝團來表演。

（報導人：主任委員顏有福、廟祝劉水村，103年10月28日）

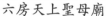

六房天上聖母廟	主神 六房天上聖母

三、五間厝股

12. 斗南順安宮（斗南五十三庄大廟）

雲林縣斗南鎮明昌里長安路 1 段 126 號　05-5972541

GIS 定位點　120°28'25.1"E / 23°40'31.6"N

主祀神：天上聖母

旁祀神：福德正神（左殿）、註生娘娘（右殿）、中壇元帥

　　據廟碑〈復建新宮略誌〉摘錄：本宮乾隆元年（1736）建宮時，恭請湄州天后宮聖二媽聖母奉祀。同治元年（1874）先賢曾蘊玉翁（世稱曾大老）善籌由他里霧堡民眾，修建宮宇於今之順安街與中正路交界之西北角，創立宮域 53 庄之宏模。民國 30 年宮殿被日本政府強制拆毀。斗南文武聖廟感修堂主楊廷輝翁慈善發起復建新宮，於民國 54 年 3 月 29 日在斗南鎮公所召開 53 庄代表大會，成立復建委員會。翌年正月 18 日開工。61 年 3 月 19 日恭請聖母安座。

順安宮後殿爲觀音佛祖殿，一樓供奉觀音佛祖，二樓玉皇上帝，訂於 105 年 10 月初 1 入火安座。

農曆每月初 1、15 日頌經團頌經，消災解厄。3 月 21 日至 22 日遶境，3 月 23 日天上聖母祝壽晚會，固定日爲 3 月 20 日到 3 月 22 日，會前往六房媽紅壇恭請六房媽來順安宮慶祝。7 月 19 日普渡。

陣頭包括轎班會、千順將軍、36 執事。轎班會約在民國 101 年間成立，因應順安宮廟裡之需求，經過討論後召集人員成立轎班會，目前成員約有 70 多人，每週一晚間 7 點在廟前廣場練習轎班行走、抬轎。主要在神明聖誕日、六房媽過爐，有需要時出陣。經費由順安宮公基金支出，亦有信眾指定捐款可資使用。

（報導人：總幹事王安人，104 年 3 月 4 日）

順安宮	主神 天上聖母

13. 二重溝真武殿

雲林縣斗南鎮明昌里二重溝 92 號　05-5976349

GIS 定位點　120°27'53.5"E / 23°39'58.7"N

主祀神：玄天上帝

旁祀神：城隍爺、福德正神、中壇元帥

　　玄天上帝由南投松柏嶺受天宮分靈而來。未建廟以前，玄天上帝神尊是由全庄弟子擲筊杯輪流值年爐主供奉，至民國73年（1984）建廟於此，在此安座落成。

　　3月3日玄天上帝聖誕千秋日，做戲辦桌。11月18日下午1點，至六房媽紅壇恭請六房媽神尊來庄內慶祝，回到庄內後遶境駐駕，11月19日子時謝平安，做戲慶祝，11月20日恭送六房媽回紅壇。

　　子弟陣頭：二重溝鳳山館（獅陣）。成立年代已不可考，目前成員40至50人。每年六房媽過爐前1個月晚上練習。主要出陣場合是六房媽過爐，謝平安遶境、候選人助選時、其他庄需要本陣頭幫忙時。經費來自寄付奉獻，通常都一定夠用。

（報導人：廟祝歐慶隆、林先生，103年10月29日）

真武殿

主神 玄天上帝

14. 五間厝明昌順安堂

雲林縣斗南鎮明昌里186號　05-5977979

GIS定位點　120°28'16.2"E / 23°40'29.7"N

主祀神：清水祖師

旁祀神：城隍尊神（左殿）、福德正神（右殿）、觀世音菩薩、北極
　　　　玄天上帝、六房天上聖母、關平太子、文衡聖帝、哪吒三太
　　　　子、五顯大帝、周府將軍、五營令旗

　　昔日是小間的土造房屋，直至民國69年透過里長申請補助，下方
興建活動中心，上面蓋順安堂。民國87年再從原地主把地買回來，過
入順安堂管理委員會名下。

　　主要慶典活動於農曆正月10日清水祖師千秋日，9日前往六房媽
紅壇迎請六房媽神尊來順安堂，並做公戲祝壽，11日一早恭送回六房
媽紅壇。每年11月6日子時謝平安，5日去六房媽紅壇恭請六房媽神
尊來廟裡慶祝，並迎請斗南順安宮聖二媽、本庄土地公、土地婆共同
來廟裡慶祝，7日恭送六房媽神尊回紅壇。

　　子弟陣頭：勤習堂（武館）。成立年代不可考，現任館主張樹三，
目前成員30-40位。以前六房媽過爐前1個月會練習，現在已經沒有
固定練習時間，因為都是老一輩人員，所以已經學會，只要有需要時
都可以出陣。主要出陣場合在六房媽過爐時、神明聖誕，經費來源皆
由順安堂公基金支付，或者各方信眾寄付、贊助。

（報導人：主任委員張火清，104年7月17日）

順安堂

主神 清水祖師

15. 紅瓦磘照瑤宮

雲林縣斗南鎮明昌里紅瓦磘21號　05-5973878

GIS 定位點　120°27'23.7"E / 23°40'24.0"N

主祀神：七星娘娘

旁祀神：福德正神（左殿）、註生娘娘（右殿）、關聖帝君、玄天上
　　　　帝、池府千歲、中壇元帥

　　據〈照瑤宮沿革〉摘錄：拓臺先祖於康熙19年（1680）輾轉至他
里霧紅瓦磘關社開墾，族親續後絡繹集結，乃於乾隆55年（1790）由
族老擇址建廟。民國20年由族老長輩發起改為南向磚造結構，定名為
「照瑤宮」奉祀玄天上帝、七娘媽、關帝聖君、武德尊侯。民國72年
政府於現廟址建活動中心，本宮亦再重建2樓，歷時2年餘落成。

　　農曆3月3日玄天上帝聖誕遶境、安五營。農曆7月7日七娘媽聖
誕千秋日，做戲辦桌，並於7月6日上午去六房媽紅壇迎請六房媽來

廟慶祝，7月8日早上送回紅壇。

子弟陣頭：五間厝鳳山館（文獅）。由第一代沈朝基創立，創立年代已不知，約於清朝末年時期，二代沈金德、沈金家，第三代沈三未，現已傳至第四代沈登清、方文政。目前成員約45人，在六房媽過爐前1個月晚上訓練。主要出陣場合是六房媽過爐、庄內或其他庄邀請、庄內神明遶境。經費來自別人捐款，常入不敷出。

（報導人：沈三未，103年10月29日）

照瑤宮

玄天上帝

16. 埤頭泰德堂

雲林縣大埤鄉三結村埤頭50號

GIS 定位點　120°26'12.7"E / 23°39'40.3"N

主祀神：關聖帝君

旁祀神：神農大帝（左殿）、福德正神（右殿）、玄天上帝、中壇元
　　　　帥、清水祖師

　　泰德堂創建人為下埠頭地方仕紳黃德時，明治35年（1902）為祈求庄內吸食鴉片者早日遠離惡癖，借助神靈戒煙，而發起勸募，全庄按丁口田園數分擔，共募得50圓為建廟經費。早期宮名為泰德殿，日治時期因躲避毀神而改名泰德堂。民國68年因年久失修，由地方善男信女捐錢出力重建。

　　主要慶典活動於農曆3月3日玄天上帝聖誕日，3日早上去六房媽紅壇恭請六房媽神尊（農曆3月3日有3個地方輪流恭請六房媽神尊，分別有崙仔進興宮、過溪股大庄、埠頭泰德堂），下午回到庄內後遶境，4日早上送回。10月至11月間擇日（依照爐主及主任委員的出生年月日，請風水師父合看過決定日期，因此並非一定在假日舉行）謝平安，晚上11點15分開始。

　　子弟陣頭：永春館（金獅陣）。約成立於清朝時期，百年以上。早期村民成立永春館，白天務農晚上練習武術，除強健身體之外，以防禦敵人外襲、保家衛村為宗旨，起初只有舞旗（屬於宋江陣），後來加入舞獅讓節慶更熱鬧，場面更加盛大，才改為獅陣。現任館主鍾炳坤，成員約30多位，目前沒有練習。主要出陣場合是六房媽過爐、神明聖誕。經費由泰德堂公基金支付、信徒寄付。

（報導人：主任委員賴坤旺，103年07月17日）

泰德堂	主神 關聖帝君

17. 中埤頭玄武宮

雲林縣大埤鄉三結村中埤 38 號

GIS 定位點　120°26'12.7"E / 23°39'40.3"N

主祀神：關聖帝君（寺廟登記主神為中壇元帥）

旁祀神：神農大帝（左殿）、註生娘娘（右殿）、保生大帝、托塔天
　　　　王、玄天上帝、觀音佛祖

　　日治時期建廟，當時是木造建築，民國 62 年募款重建，由黃禎成
立籌備管理委員會。玄武宮內現有小尊關聖帝君、托塔天王、玄天上
帝的神尊年代較久遠，其他神尊在建廟時才雕塑。

　　主要慶典活動於農曆 3 月 3 日玄天上帝聖誕日、3 月 15 日保生大
帝聖誕日、3 月 20 日註生娘娘千秋、4 月 26 日神農大帝聖誕、6 月 24
日關聖帝君聖誕、9 月 9 日主神中壇元帥聖誕，當天有做戲辦桌，農

曆11月21日凌晨5點謝平安，20日下午去六房媽紅壇恭請六房媽回本庄慶祝，22日恭送回紅壇。

　　子弟陣頭：永春館（金獅陣）。日治時期成立，年代已不可考，以前館主黃容杉、蔡幸男，由李鳳訓練，現在由玄武宮管理委員會管理。民國90年有50-60位成員，民國100年後只剩20-30位。現在沒在訓練，主要為龍虎旗。主要出陣場合是六房媽過爐、3月3日玄天上帝聖誕日。經費多由信眾贊助。

（報導人：六房媽會理事林森寶，103年07月17日）

玄武宮

主神 關聖帝君

18. 頂埤頭泰安殿

雲林縣大埤鄉三結村頂埤10號　05-5916811

GIS定位點　120°26'59.4"E / 23°39'58.9"N

主祀神：池府千歲

旁祀神：李府千歲（左殿）、范府千歲（右殿）、天上聖母

　　據〈泰安殿建廟沿革〉摘錄：清乾隆年間廣東蕉嶺人氏之徐氏族親12世祖常澄公連同族人，來臺奠居於頂埤頭，供奉主神池府千歲，由各戶輪流供養。光復後輪值於徐茅家中，後經信眾倡議於「夜學」（即今廟基南面）建廟立基。於民國50年間建造簡樸磚木造平房閩南式廟宇，於51年完成入火安座，命名為泰安殿。至民國80年，其中歷經多次水患與颱風侵襲，池府千歲亦屢次聖示地勢過低，遂成立重建管理委員會，以樓上廟宇樓下活動中心之架構（活動中心由政府建造），以公開分項發標方式建造，於民國85年9月舉行重建典禮，12月12日入火安座。

　　主要慶典活動於農曆6月18日池府千歲千秋日，3月23日天上聖母聖誕，22日前往六房媽紅壇迎請六房媽神尊來到泰安殿並遶境，23日祝壽酬神，24日一早恭送六房媽回紅壇。每年農曆11月會請道士看日子舉辦謝平安。

　　子弟陣頭：武野館（金獅陣）。成立年代不詳，從徐文龍阿公時候開始，至今約有百年歷史，比較興盛時約在民國40-50年代間，當時在斗南那裡有在打拳頭，越打就越多人在看，就越打越起勁，有時候回到本庄時就已經凌晨1點多了，現在則沒有這種情況了。目前成員約200人。現在沒有練習，主要出陣場合是六房媽過爐。經費來源：泰安殿公基金支付，善心人士寄付。

（報導人：主任委員徐文龍，103年10月26日）

泰安殿

主神 池府千歲

四、大北勢股

19. 保長廊中庄保玄宮

斗六市建興路 132 之 1 號

GIS 定位點　120°31'27.2"E / 23°42'32.7"N

主祀神：玄天上帝

旁祀神：神農大帝（左殿）、文昌帝君（右殿）、濟公活佛、瑤池王
　　　　母、福德正神、中壇元帥、虎爺

　　原奉祀在私人家中，後因玄天上帝神威顯赫，遂在此建廟奉祀，依照廟前上方匾額顯示，應在民國 60 年就有該廟宇存在，但至今尚未正式落成。約在民國 97 年設立管理委員會，至今已第 2 屆。

　　主要慶典活動於農曆 3 月 3 日玄天上帝聖誕日，做公戲慶祝。每年 3 月 1 日至六房媽紅壇恭請六房媽聖駕來本庄慶祝，3 月 3 日早上恭送聖駕回紅壇。

陣頭：本宮無陣頭，有需要時再外請陣頭或以本庄的鑼鼓陣出陣。

（報導人：主任委員林基豐，104 年 8 月 23 日）

| 保玄宮 | 主神 玄天上帝 |

20. 保長廊下厝玄天上帝

斗六市保長里 10、11 鄰

無公廟，有公神信仰

主祀神：玄天上帝

旁祀神：觀音佛祖

　　據專業人士看過，神像只有 6 寸 8 分大，可能由先民從大陸攜帶來臺灣奉祀，但何時來臺已不可考究，約有百年。無建廟，每年跟隨值年爐主家中奉祀。

　　每年農曆 3 月 3 日玄天上帝聖誕日為主要慶典，但在農曆 2 月底 3 月初，庄民會到六房媽紅壇恭請六房媽聖駕回到本庄，由值年爐主

在戶外搭設臨時祭壇，請六房媽聖駕、玄天上帝、觀音佛祖同在祭壇內。由庄民前來祭拜，也有庄民還願請戲棚熱鬧。由於迎請六房媽時間並未列入固定日，在下厝仔祭祀時間有可能是 3 天 2 夜或 2 天 1 夜，由六房媽親自決定。3 月 3 日當天就沒有如此盛大，只用鮮花素果供品祭祀。

子弟陣頭：無。昔日有走馬陣，現在由於團員年紀漸長也已經式微，只由受訪者林正耀訓練 3 位負責打鼓的鑼鼓陣，六房媽過爐時再請其他地方支援，六房媽過爐時本庄會有 70-80 位人員前往幫忙。

（報導人：林正耀，104 年 8 月 23 日）

21. 保長廍頂庄保清宮

斗六市保長里建興路 87 之 1 號

GIS 定位點　120°31'36.5"E / 23°42'34.9"N

主祀神：清水祖師

旁祀神：黑面三媽（左殿）、註生娘娘（右殿）、中壇元帥、天上聖
　　　　母、觀音佛祖、玄天上帝、孚佑帝君

民國 50 年建廟，在此之前都是跟隨在爐主家中奉祀。

主要慶典活動於農曆正月 6 日清水祖師聖誕日，5 日早上前往六房媽紅壇請六房媽副駕回庄駐駕，下午遶境祈安，做公戲慶祝，6 日友宮來宮內誦經讚揚，7 日一早再送回紅壇。正月 9 日玉皇大帝聖誕團拜、正月 15 日上元聖誕團拜、12 月 24 日舉行謝平安。

誦經團現任團長李樹木，副團長陳寶鳳，誦經生 19 名，樂生 3

名，神明聖誕前1晚到宮內誦經。保清宮共28間友宮，在清水祖師聖誕千秋日時會來宮內誦經讚揚，友宮神明聖誕日也會外出誦經讚揚。

　　子弟陣頭：金獅館（武館）。目前館主林慶昇，成立年代已不可考，只知是由鳳山館（武館）的張瑞芳老師回到庄內教學，教導拳頭防身技巧，目前只剩下打鼓跟舞獅。成員20多位，六房媽過爐時約有46位。平常日沒有練習，只有在六房媽過爐前1個月內練習。六房媽過爐、前往友宮讚揚、其他活動需要才會出陣。經費多由保清宮公基金支出、信眾寄付。

（報導人：主任委員李秀雄，104年7月15日）

| 保清宮 | 主神 清水祖師 |

22. 大北勢天聖宮

斗六市長平里長平北路17號　04-5339921

GIS定位點　120°30'16.0"E / 23°42'17.5"N

主祀神：天上聖母

旁祀神：神農大帝（左殿）、福德正神（右殿）、中壇元帥、觀音佛
　　　　祖、玄天上帝、文武千歲

　　據〈天聖宮興建紀念碑〉摘錄：自古先民未建立廟宇以供諸神聖歸宿，由會腳信徒輪流為爐主供奉於住宅，每逢乩日香火鼎盛，善男信女川流不息，惟恐影響附近鄰居安寧，並響應政府政策，於民國65年10月本里里民大會提議興建廟宇並組成籌建委員會，同年11月申請政府核准，恭請六房天上聖母選擇此廟地，同年農曆11月20日動工興建，民國67年農曆11月5日入火。

　　主要慶典活動於農曆3月23日天上聖母聖誕日，從21日到23日三天舉辦祝壽活動，其他友宮誦經讚揚。農曆11月4日謝平安，3日下午去六房媽紅壇恭請六房媽來本庄慶祝，下午遶境，4日請六房媽及眾神尊出來祭祀，5日恭送回紅壇。

　　誦經團目前約有12位。農曆每月初1、15日、神明聖誕日都會到廟裡誦經。

　　子弟陣頭：大北勢武德團金獅。源於少林寺和尚傳授呂先生，經由不斷傳授與銜接，到了民國42年間，現任武術指導莊金泉的父親莊協，再傳授給莊金泉等師兄弟，至今已60多年。目前成員約20多位，六房媽過爐前1個月才練習，出陣場合主要在六房媽過爐、天聖宮遶境。經費來源多由信徒樂捐與贊助。

（報導人：石義雄、魏景宏〔100歲〕，104年7月15日）

| 天聖宮 | 主神　天上聖母 |

大北勢武德團獅陣、鑼鼓（96年過爐）（徐雨村攝2007/5/26）

23. 石厝林仔頭進天宮

斗六市長平里石林路28號　0919-282738

GIS 定位點120°30'36.6"E / 23°41'46.7"N

主祀神：池府千歲（前殿）

旁祀神：前殿　左側奉祀地藏王菩薩、右側福德正神、前方中壇元帥

後殿　供奉玉皇上帝、前方五府千歲、左側供奉九天玄女與
觀音菩薩、右側供奉王母娘娘與月女嫦娥

　　據〈進天宮沿革〉摘錄：主宮主帥池府千歲，……明朝末葉，緣
定落根臺灣，五府結義，自鯤鯓登岸，神威顯赫，萬民感恩，烏樹林
引駕立廟，池府千歲四處施方，金尊隨移，因緣際會，終落定石厝林
仔頭庄立宮垂教。本宮立廟之前，由庄民每逢池府千歲聖誕佳日（農
曆6月18日）擲筊杯選值年爐主。爰於民國47年起，暫厝信徒張深
泉吉宅開鸞。至蒙玉皇大帝賜名進天宮善修堂，委由張深泉擔任堂
主。自此香火鼎盛，遂於民國53年初擇定現址建廟，同年6月落成入
火（前殿）。民國68年10月由眾善信募捐集資興建玉皇大殿（後殿），
並增建兩邊廂房。翌年11月16日開光安座。

　　正月18日池府千歲得道日，當天從早上6點開始誦經，行六敬誦
禮，直到晚上結束。並於17日中午後用神轎至六房媽紅壇迎請六房
媽，19日結束後早上送回，並有做公戲逗熱鬧。農曆6月18日池府
千歲千秋日，有遶境做戲，同樣也於前1日去紅壇請六房媽副駕，結
束後送回。

　　子弟陣頭：勤習堂。成立年代已不可考，成員約有20多位，六房
媽過爐前1個月練習，六房媽過爐、神明聖誕遶境才會出陣。經費多
由進天宮公基金支出、信眾贊助。

（報導人：主任委員林山田、總務鍾錦福，104年3月4日）

| 進天宮 | 主神 池府千歲 |

五、過溪股

24. 大庄北極殿

虎尾鎮下溪里大庄77 號

GIS 定位點　120°27'35.0"E / 23°42'39.6"N

主祀神：玄天上帝（上帝爺公）

旁祀神：天上聖母（左殿）、福德正神（右殿）、清水祖師、濟公禪
　　　　師、九天玄女、關聖帝君、中壇元帥

　　本殿奉祀玄天上帝已有百餘年，在清末年間，最初為小草屋；後
於日治時期修建於庄內活動中心北側。根據村內耆老說，起初殿內只
奉祀玄天上帝的令旗，因神靈顯赫，敬雕玄天上帝金身供奉。因地勢
低窪，每逢雨季殿中積水不退，又因年久失修，庄中善男信女在民國

56年冬召開信徒大會，分擔經費款項重建於現處，於民國57年農曆四月竣工，入火安座。

　　主要慶典活動於農曆3月3日玄天上帝聖誕日，2日到六房媽紅壇迎請六房媽神尊回到本庄遶境安營，3日做戲酬神，4日恭送六房媽神尊回駕。10、11月間謝平安亦同，於前一日到紅壇恭請六房媽蒞庄，與庄內眾神一同遶境、安營、收兵等祭祀活動。7月15日中元普渡由爐主、頭家負責辦理。

　　子弟陣頭：永春宋江陣（龍虎旗）。約成立在清末年間，現由張義淵理事長管理，屬北極殿內的一個組織，成員約有70多位，六房媽過爐前1個月訓練，約在農曆3月份。主要出陣場合在六房媽過爐、神明聖誕日遶境或相關宮廟邀請時。經費多是信徒寄付、贊助，或者北極殿廟方基金支付。

（報導人：社區理事長張義淵，104年7月17日）

北極殿　　　　　　　　　　　　　　主神 玄天上帝

25. 三塊厝姚正宮

虎尾鎮下溪里三塊厝7之1號　05-6222672

GIS 定位點120°28'24.8"E / 23°43'5.1"N

主祀神：姚府千歲

旁祀神：觀音佛祖、張府千歲、玄天上帝、二上帝、三上帝、中壇元
　　　　帥（大太子、三太子）、關聖帝君（左殿）、天公文將、天公
　　　　武將、福德正神（右殿）、神馬及馬僮（右側前方）

　　據〈姚正宮沿革〉摘錄：本宮肇建可溯自明末清初，約西元1661
年鄭成功渡臺驅荷，士兵分散各地屯墾，其中有林姓移民攜帶姚府千
歲金身定居三塊厝，參拜者日眾加以聖蹟頻傳，林氏家族應信眾之要
求，由全庄人民杯讚爐主，值年輪祀。日本推行「皇民化」政策焚神
毀廟，本庄信眾權宜將姚府千歲、觀音佛祖、太子爺掩藏於地下。民
國64年，本庄信士康朝復托缽募款已達30萬元左右，旋即於民國65
年3月成立臨時委員會，眾善信分工合作鳩資庀材，於5月16日動工
興建，由姚府千歲賜名為姚正宮，擇吉於同年11月10日入火安座。

　　主要慶典為農曆1月11日姚府千歲千秋日，10日到六房媽紅壇恭
請六房媽神尊來庄內遶境、共同慶祝，12日恭送回紅壇。

　　子弟陣頭：勤習堂。陳俊劼為現任堂主，勤習堂屬於武獅，學習
太祖拳系統，屬於西螺七欠第三欠。三塊厝勤習堂源於西螺勤習堂先
祖高漢榮，在堂中仍可看到來源圖像。目前成員人數約有46人，只在
六房媽過爐前2個月時開始練習。昔日武館興盛時期，在堂前廣場都
擠滿了人一起練拳、打拳，現在人員漸漸老去，只剩下現在成員。主

要出陣場合是正月11日姚天宮姚府千歲千秋前1日（10日），中午前往紅壇請六房媽副駕回宮熱鬧，下午在本庄（三塊厝）遶境，陣頭出陣隨行。六房媽過爐時也必須出陣。

（報導人：廟祝未具名，103年10月28日）

姚正宮

主神 姚府千歲

26. 溪埔廍中壇元帥

虎尾鎮中溪里溪埔廍4-6鄰

無公廟，有公神信仰

主祀神：中壇元帥

　　神像來由已有百年歷史，現在尚無廟宇，早期都是和下竹圍庄共同奉祀中壇元帥，約10多年前才分開奉祀，現在每年跟隨值年爐主家中奉祀。

　　每年農曆9月9日中壇元帥千秋日，由過溪股三庄頭（汕尾、溪埔廍、下竹圍）輪流迎請六房媽神尊前來慶祝酬神，來庄內慶祝3天

（8 日下午迎請，10 日早上送回）。每 3 年由本庄迎請一次，今年（104 年）輪到本庄（溪埔廍）前去恭請六房媽神尊。

子弟陣頭：春盛堂（武館）。成立年代已不可考，約有上百年歷史，現任館主周錦，目前由庄內熱心人士林明賜負責安排人員幫忙，目前成員人數約有 20-30 人。昔日在六房媽過爐前 1 個半月開始訓練，從民國 84 年後就沒有訓練，主要出陣場合在六房媽過爐、9 月 9 日祭祀活動。經費由中壇元帥公基金支付。

（報導人：柯清煙、林明賜〔40 歲〕，104 年 7 月 18 日）

27. 下竹圍中壇元帥

虎尾鎮中溪里下竹圍 1-3 鄰

無公廟，有公神信仰，104 年已開始建廟

主祀神：中壇元帥

神像來由已有百年歷史，現在正在興建廟宇當中，早期都是和溪埔廍庄共同奉祀中壇元帥，約 10 多年前才分開奉祀，現在每年跟隨值年爐主家中奉祀。

每年農曆 9 月 9 日中壇元帥千秋日，由過溪股三庄頭（汕尾、溪埔廍、下竹圍）輪流迎請六房媽神尊前來慶祝酬神，來庄內慶祝 3 天（8 日下午迎請，10 日早上送回）。每 3 年由本庄迎請一次，今年（104 年）輪到溪埔廍前去恭請六房媽神尊。

子弟陣頭：春盛堂（武館）。成立年代已不可考，約有上百年歷史，目前成員人數約有 20-30 人。在六房媽過爐前 1 個半月開始訓練，

主要出陣場合在六房媽過爐、9月9日祭祀活動時。經費多由信眾贊助或捐獻。

（報導人：柯清煙、林明賜，104年7月18日）

28. 中興六房天上聖母

虎尾鎮中溪里中興9、10、11鄰

無公廟，有公神信仰

主祀神：六房天上聖母

為了在五股內六房媽過爐時有股份可以擲五股內的爐主，因此在民國92年開始有六房天上聖母神尊的奉祀。目前沒有建廟，六房天上聖母跟隨值年爐主家中奉祀，為中溪里9、10、11鄰輪值。

民國92年成立中興六房媽委員會，未正式登記，現任主任委員林春屘，轄下委員15-21名，每3年1任，至今已第5屆。

每年農曆10月15日謝平安、拜天公，14日下午至六房媽紅壇恭請六房媽神尊來中興庄駐駕，16日一早恭送回紅壇。

本庄無子弟陣頭。

（報導人：中興六房媽委員會副爐主王海石，104年7月18日）

29. 汕尾中壇元帥

虎尾鎮中溪里汕尾7、8鄰

無公廟，有公神信仰

主祀神：中壇元帥、天上聖母

　　神像來由已有百年歷史，已無法考究，現在無建廟，神尊每年跟隨值年爐主在家中奉祀。

　　每年農曆9月9日中壇元帥千秋日，由過溪股三庄頭（汕尾、溪埔廍、下竹圍）輪流迎請六房媽神尊前來慶祝酬神，來庄內慶祝3天（8日下午迎請，10日早上送回）。每3年由本庄迎請一次，今年（104年）輪到溪埔廍前去恭請六房媽神尊。在此之前值年爐主會搭建臨時公壇，並恭請主神中壇元帥、天上聖母來公壇坐鎮，做戲由庄內共同舉辦。

　　本庄無子弟陣頭。

（報導人：毛巾協會理事長廖賜村，104年7月18日）

30. 頂過溪聖母宮

虎尾鎮頂溪里頂溪路87之2號　　05-6222700

GIS定位點　120°28'2.5"E / 23°43'40.4"N

主祀神：六房天上聖母

旁祀神：清水祖師（左側）、形府千歲（右側）、福德正神（左殿）、
　　　　神農大帝（右殿）中壇元帥

　　據〈頂過溪聖母宮沿史〉摘錄：本宮奉祀六房天上聖母、清水祖師、形府千歲神像，乃閩南先民供奉數百年之久。民國73年8月間，數位熱心信士成立建廟籌建委員會。73年12月至74年正月間，庄民合作，不眠不休，觀神覓地，由於聖母顯靈3次給林國希托夢，請予促成，再經神意顯合，才選定本宮用地。並承聖母顯異命名為聖母

宮。民國74年正月24日破土，民國75年陽月12日入火安座。

　　主要慶典活動於農曆10月12日聖母宮宮慶日，有遶境做戲、誦經讚揚，遶境範圍包括頂竹圍、頂過溪。11日早上從六房媽紅壇恭請六房媽老副媽來廟裡慶祝，下午回到本庄遶境，13日再送回紅壇。8月22日彤府千歲千秋。

　　子弟陣頭為頂過溪聖母宮金獅陣。金獅陣成立年代已不可考，前任館主張桐豪傳給現任周昱玖，目前成員約有20-30人，目前只要晚上有時間都會練習，主要出陣場合六房媽過爐，每月農曆初1、15日聖母宮參神、其他神明聖誕遶境，經費支付多由信眾寄付。

　　頂過溪聖母宮誦經團成立於民國84年，成立時特別敦聘莊金柱老師指導，隸屬龍華派。目前團員約20餘人，農曆每月初1、15日都在聖母宮誦經禮讚。在團長周民權先生帶領下，交陪友宮團已達20團，實屬難得。

　　過溪轎班會創立於民國93年，當初是由過溪仔庄一群年輕人所組成，推舉周文平先生擔任第一屆會長，後來有更多外庄人員相繼加入，陣容更加壯大。從成立開始之後，每年都參與六房媽過爐轎班工作，並以六房媽為鎮會主神。只要需要過溪轎班會的地方，就會看到他們，包括各庄頭神明廟會、六房媽過爐等，屬於在地的陣頭文化。

（報導人：頂溪里里長張長和、周厚谷，104年7月18日）

| 聖母宮 | 主神 六房天上聖母 |

虎尾過溪轎班會102年過爐接駕香案（徐雨村攝 2013/5/15）

31. 崁仔腳順天宮

虎尾鎮頂溪里崁仔腳40-1號　05-6221193

GIS 定位點　120°28'29.134.9"E / 23°43'33.9"N

主祀神：玄天上帝

旁祀神：文昌帝君（左殿）、註生娘娘（右殿）、中壇元帥

　　據〈虎尾鎮崁仔腳順天宮建廟誌〉摘錄：日治時期強令繳交神明金尊予以毀壞，由周標將本庄神明太子元帥及哪吒三太子元帥之金身暗藏於自家神廳天花板吊架層中，方能躲過此劫。在此時期玄天上帝常藉機顯靈，為庄民解厄，靈驗異常。民國34年臺灣光復後，太子元帥扶乩指示信眾雕塑玄天上帝金尊，次年完成。本庄崁仔腳順天宮係於民國97年農曆8月2日動工，由北極玄天上帝降駕扶乩親定基樁，農曆12月16日開工興建，民國99年農曆10月3日入火安座。

　　主要慶典在農曆3月3日上帝爺公聖誕萬壽，並提前於2月27日至29日迎請六房媽至本庄作客。

　　子弟陣頭：布家金獅陣。成立年代已不可考，前任館主邵春良傳給現任戴照雄，目前成員大約20-30位，目前六房媽過爐前1個月會練習，主要出陣場合為六房媽過爐，經費支付多由信眾寄付。

（報導人：頂溪里里長張長和，104年7月18日）

| 順天宮 | 主神 玄天上帝 |

32. 頂竹圍觀音佛祖

虎尾鎮頂溪里頂竹圍8-9鄰

無公廟，有公神信仰

主祀神：觀音佛祖、清水祖師

　　神像約有百年歷史，已無法考究，目前沒有建廟，觀音佛祖、清水祖師跟隨值年爐主家中奉祀。

　　每年農曆正月6日清水祖師千秋日、9月19日觀音佛祖聖誕日，前1日下午會到六房媽紅壇迎請六房媽老副駕神尊，前來本庄遶境、慶祝，隔日一早再恭送回紅壇。

　　民國104年觀音佛祖爐主：陳俊能，頭家6名；清水祖師爐主：蘇順良，頭家6名；以上2位主神總爐主為張長和里長。

　　子弟陣頭：布家金獅陣。成立年代已不可考，目前館主陳俊能，

成員大約有20-30人位，以前在六房媽過爐前1個半月開始訓練，出陣場合在六房媽過爐、正月6日清水祖師千秋日、9月19日觀音佛祖聖誕日，經費多由信眾寄付、贊助。

（報導人：頂溪里里長張長和，104年7月18日）

33. 下過溪觀音佛祖、清水祖師

虎尾鎮頂溪里下過溪10-14鄰

無公廟，有公神信仰

主祀神：觀音佛祖、清水祖師

　　神像約有百年歷史，已無法考究，目前沒有建廟，觀音佛祖、清水祖師跟隨值年爐主家中奉祀。

　　每年農曆正月6日清水祖師千秋日、9月19日觀音佛祖聖誕日，前1日下午會到六房媽紅壇迎請六房媽老副駕神尊來本庄遶境、慶祝，隔日一早再恭送回紅壇。

　　民國104年觀音佛祖爐主：陳俊能，頭家6名；清水祖師爐主：蘇順良，頭家6名；以上2位主神總爐主為張長和里長。

　　子弟陣頭：勤習堂（武館）。成立年代已不可考，現任館主林萬傳給周坤均，成員大約有50位，主要都在六房媽過爐前1個月練習，出陣場合在六房媽過爐、正月6日清水祖師千秋日、9月19日觀音佛祖聖誕日，經費多由信徒樂捐與寄付。

（報導人：頂溪里里長張長和，104年7月18日）

34. 下惠來惠聖宮

虎尾鎮惠來里1鄰惠來17-33號　05-6223447
GIS定位點　120°29'29.1"E / 23°43'29.5"N
主祀神：天上聖母（四媽）、中壇元帥三太子
旁祀神：城隍爺（左殿）、文昌帝君（右殿）、中壇元帥

　　民國37年冬天中壇元帥辦事，有乩童去莿桐鄉油車子請四媽共同回來辦事，後來才知道四媽原來是麥寮拱範宮分靈，於民國103年回祖廟進香。民國37年後，四媽就跟隨值年爐主供奉，直至民國75年借倉庫奉祀，並雕刻一尊副駕四媽，民國97年集聚庄民與眾人之力，興建此廟至今規模。

　　主要慶典為3月23日主神天上聖母四媽聖誕千秋，3月21日作公戲，去麥寮拱範宮進香，隔天3月22日遶境。7月14日普渡法會，10月15日謝平安，以前固定都會去紅壇請六房媽副駕回廟裡慶祝，現在已經沒有到紅壇請六房媽。

　　本庄子弟陣頭為勤習堂。

（報導人：總幹事周忠發，103年10月28日）

惠聖宮

主神 天上聖母

35. 大路墘中壇元帥

虎尾鎮惠來里大路墘 11-14 鄰

無公廟，有公神信仰

主祀神：中壇元帥

　　頂惠來、下惠來、崁仔腳、大路墘原本共同奉祀神尊有李府千歲，及三尊中壇元帥，本庄於民國20年迎請其中一尊中壇元帥回庄奉祀，目前隨值年爐主家奉祀。每年農曆5月28日義民爺千秋日較盛大，27日下午至六房媽紅壇恭請六房媽老副駕神尊來本庄慶祝，回庄後遶境，28日做戲酬神，29日一早再恭送回紅壇。

　　子弟陣頭：布家金獅陣（開口獅）。成立年代已不可考，現任館主劉順天，成員大約有20多位，以前六房媽過爐前1個月就會訓練，現今已經沒訓練，主要出陣場合在六房媽過爐，經費多由信眾贊助。

（報導人：六房媽會會員廖國華，104年7月18日）

36. 惠來晉天宮

虎尾鎮惠來里惠來 131 號　05-6223475

GIS 定位點　120°29'15.3"E / 23°43'46.0"N

主祀神：李府千歲

旁祀神：註生娘娘（左殿）、福德正神（右殿）、中壇元帥、六房天上
　　　　聖母

　　惠來厝本無廟，只有散落雲林各地的六房天上聖母信徒輪流供奉
媽祖，直至民國 56 年農曆 8 月 12 日，惠來晉天宮建廟入火安座後，
才有庄內共同供奉的廟宇。

　　農曆 8 月 12 日李府千歲千秋日，11 日至六房媽紅壇迎請六房媽聖
駕前來本庄慶祝，下午遶境祈安，12 日做戲酬神，13 日恭送六房媽
回紅壇。

　　子弟陣頭：勤習堂、神將會。成立年代已不可考，目前成員大約
20-30 位，目前六房媽過爐前 1 個月會練習，主要出陣場合為六房媽過
爐、8 月 12 日李府千歲千秋日遶境祈安，經費由晉天宮支付、信眾寄
付等。

（報導人：未具名，103 年 10 月 28 日）

晉天宮　　　　　　　　　主神 李府千歲

結語

　　隨著政府對文化資產的重視，地方漸漸重視傳統文化的保存與延續，並開始回應由官方推動機制下的定位。「雲林六房媽過爐」於102年成功登錄爲雲林縣定文化資產，正是透過地方集結認同的推動與官方登錄的過程。將儀式慶典定位爲文化資產，時時面臨著現代社會的急遽變化，或因回應政府政策而產生的變動，因此有必要釐清傳統文化在當代社會的調適與轉變過程，進而探討信徒與信仰間的關係，以及信仰如何發揮調和群體的影響力。

　　雲林五股地區的六房媽過爐展現了凝聚五股力量的群體性，並成爲臺灣的珍貴文化資產。一年一地的祭祀形式突顯了信仰中根植於「集體記憶」的元素，不斷傳遞著地方信仰的學習與實踐，具體呈現於每年信徒所承擔的祭典儀式、宴請旗腳，以及最重要的爐主交接之中。信仰活動除了爲信徒帶來心靈慰藉，當地人更透過不斷傳承、演變的信仰實踐，來形塑其群體認同，進而建構文化資產。簡言之，這顯示人們試圖從信仰活動追求歸屬感，既求延續傳統卻又求新求變的動態詮釋過程。

　　就六房媽信仰圈的擴大過程而言，民國101年舉辦首次北巡，並前往湄州進香，104年首度南巡，其中亦有幾度應信徒之請而移駕各地分會，六房媽信仰的影響範圍顯然已跳脫原本的五股，進入了「普

世之神」階段。隨著各地分會崛起形成不容小覷的力量，加上六房媽會的有意拉攏，使得分會與六房媽會邁入更緊密的合作關係。100年，臺中六房媽會舉辦「全臺六房天上聖母大會香」，101年新竹六房媽會迎請正駕駐駕，顯示股內、股外的界線開始鬆動，幾度造成五股內外勢力的緊張關係，這也呈現六房媽信仰圈已進入跨地域的發展。

另外，隨著六房媽過爐的活動擴大，龐大的人群需要更多有力人士的動員與支持，逐年建立編制的志工團體也跳脫以往的鬆散組織，展現了團結與執行力。在紅壇服務人員方面，也發展出一套標準作業流程。

本書定位為社會各界認識六房媽的入門書籍，首先從雲林人文地理的歷史縱軸切入，介紹這片土地的原漢關係及開發史。再進入六房媽信仰的討論，從田野傳說與口述歷史的收集，分析六房媽過爐攸關信眾權利義務調和的輪值規則，進而切入過爐儀式與其社會文化意涵。最後以五股範圍內宮壇的地毯式調查，呈現各庄頭重要的公神與陣頭，讓讀者更能清楚看出五股之間的競合關係，並提供後續研究所需的基礎調查資料，以及未來可行的研究方向。

放眼未來，六房媽的信仰依然有需要深入探討之處，也希望本書發揮拋磚引玉之效。依筆者淺見，現階段可進一步發展的主題頗多，謹此舉例如下：外地宮壇分會的基礎研究、網路社群、歷史與族群關係、鸞堂及扶鸞、鄉土教育等。

首先，本書的基本調查呈現了整個六房媽信仰的梗概，並進一步發掘保存可供研究分析的口述資料。未來可將研究議題放在移居外地的雲林子弟所開展的宮壇信仰、分會在股外的發揮，從其中的人物故

事，觀察六房媽信仰壯大後的變遷過程，從個人生命史以小窺大。許多外地宮壇、分會成員的積極參與，可能進而影響五股的信仰活動；或者隨著信仰擴大，六房媽會與爐主如何與這些外地信徒互動、磨合，這都會隨著時間更迭而變動，值得繼續追蹤觀察。

再者，在現今的網路時代，社群網站讓許多跨地域的人群力量得以交流串連，進而在現實世界中產生動力，並影響信仰活動的演變。這種跨地域關係的組成份子具有共同目標與期待，更顯機動且靈活，一方面可避免像六房媽會以五股合議制的龐大架構，而難以運作施展，一方面也可以隨著時間點做最有效、彈性的調度。例如，六房媽過爐遶境隊伍中的 GIS 記錄團隊與攝影團隊都是透過社群網路聯繫、運作的團隊，而自 103 年起新增的遶境陣頭「香案車」更是由網路粉絲團所創建。可預見的是，未來將有更多力量投入傳統過爐活動，而六房媽會將如何面對這類網路社群團體的參與，雙方的互動將成為未來的觀察重點。

第三，若從臺灣史的角度切入，可留意這塊土地上的人民與信仰的互動關係，特別是這一帶昔日的閩客平埔族群如何與六房媽信仰活動產生互動，這些人群又是如何結合？這些都可扣連到五股組織結合的功能性探討，究竟是屬於防禦組織或僅僅是單純的信仰組織？在討論五股間信仰範圍的更動變化時，可以藉此推論人群集結的原因所在，也能藉此延伸思考五股與嘉義大林一帶的人群連結關係。

第四，就地方各個信仰團體的彼此影響而言，雲林五股一帶盛行的鸞堂信仰始終在六房媽信仰中扮演重要角色。從六房媽起源傳說的鸞書到鸞堂在過爐遶境時的參與，在在顯示著兩者具有密切關係。從

中可以發現信徒將各種宗教元素加以多元交融。未來可深入探討傳統的鸞堂信仰，如何透過扶鸞建構六房媽的形象，而信徒又如何看待這些扶鸞文書，對於六房媽信仰又產生什麼樣的影響。

　　最後，從地方教育與文化扎根的角度來看，以六房媽信仰做為鄉土教材，要如何引導地方知識的確立，進而向學童教導文化資產的觀念。隨著鄉土課程受到重視，現代學生有很多踏查社區、認識鄉土的機會，教師如何就六房媽信仰來設計教學課程，六房媽會又該如何回應教材設計或教學需求，也是未來可以思考的議題。

跋

<big>提</big>到雲林縣，大部分的人想到的便是農村，人口外移嚴重，台塑六輕的所在地。我周遭的同事，有人從來未曾到訪過雲林縣，甚至連地理位置也經常搞混。但那卻是我深愛的故鄉，每回行車近鄉時，心裡總浮現一股暖暖的感覺。這樣平凡的鄉土，卻有不平凡的前世今生。雖然沒有繁華的街道，縱橫交錯的溪流，承載了數百年的記憶，從不停歇的灌溉滋潤土地。

傳承數百年的六房媽信仰，串聯起你我的熱情，共同完成了對信仰的追尋，也讓我從爬梳文獻中，更進一步認識自己的鄉土文化，進而產生對故鄉更強烈的情感連結。雲林縣不只是農業的故鄉，更是臺灣鄉土文化重要的根據地，歡迎你能更進一步地來瞭解。

唐淑芳

104.10.21

「對信仰的眞」

　　原本只是一位跟著家人每年參與過爐活動的信眾，直到民國99年家族有人擔任六房媽爐主起，才開始有機會接觸到身旁形形色色的信眾，也才從這些信眾的口中聽到一段段關於六房媽的故事。可惜的是，這些故事每個人說的都不同，也並不完整。所以，從那時候起我便想要更深入的去瞭解那些故事。因此，在陳建彰前爐主及陳興洲、林素貞賢伉儷的引見下，我開始遊走五股間，變成了口述故事的蒐集者。爲了能將故事蒐集的更快、更多、更完備，我開始跟時間賽跑，期望不要有任何遺珠之憾。也因爲這樣，每當我訪問到人瑞或地方的耆老時，有鑑於他們年歲已高，體力與記憶往往不復他們年輕之時，所以都會有一種與時間競賽的壓迫感，但這卻也變成我努力走下去的原動力。

　　記得當初訪問魏景宏先生及張丕麟先生時，才知道魏景宏先生已擔任六房天上聖母祭祠管理委員會主任委員將近16年的時間；而張丕麟先生則是從民國55年起陸續擔任老大桌會及六房天上聖母祭祠管理委員會的召集人，迄今已將近40年了。在訪問過程中，有幸得以翻閱他們所保存的文件，我還記得其中有些會議資料中有記載一段魏主委張貼公告要出售一批六房媽黃金牌的事，魏主委爲了這件事聯絡了雲林五、六家銀樓來投標，並以出最高者得標。試想如果是一位不夠熱誠而又怕麻煩的人主事的話，可能會用黃金掛牌價就直接出售，但魏主委並沒有這樣做。從這些文件檔案的資料中發現大家爲了六房媽的信仰能夠秉持著公正、虔誠及無私的心來處理股內每件大大小小的事情，而且都能遵循制度來處理事情，這種堅定與眞誠的心已然深深的感動了我。

　　在跑了這麼多年的田調之後，讓我深深的體認到先人對信仰的那一份眞誠。因爲怕花擔在進臨時紅壇時會被撞傷所以將花放於頭上；因爲

擔心執事人員餓肚子所以會有分旗腳；因為擔心新任爐主資金週轉不過來，所以會有隨爐金……等等。這種種的特殊信仰文化，都隱藏著一種貼心為他人設想的心意。希望在這一本書順利完成後，能讓更多讀者從不同的角度看六房媽過爐活動，並且從瞭解六房媽的歷史看到信仰的美，讓過爐活動能夠薪火相傳。感謝六房媽的默祐，感謝　賜給我們平安與智慧。

林啓元

民間信仰最吸引人的地方，莫過於可以從中發現濃濃暖暖的人情，一群人爲了共同信仰忙碌、奉獻，那專注、虔敬的精神最是動人。雲林六房媽的過爐陣仗更是可以看見傳統民間信仰在地方社會中扎根，在世代間傳承的脈絡，淵遠流長，而成爲珍貴的雲林縣登錄民俗及有關文物。

筆者雖然不是雲林人，但在數年前參與了白沙屯媽祖進香，無意間得知雲林六房媽過爐一年一地的習俗，回臺北之後因緣際會發現了幾處六房媽分靈宮壇，而開啓了論文寫作的田野之路。撰寫論文時，有幸參與幾次六房媽過爐，承蒙五股鄉親與各地信眾的協助，讓筆者得以目睹充滿人情味的過爐香路，哪怕因爲採訪需求的處處叨擾都受到很大的包容、寬待與鼓勵，點點滴滴都讓我感激在心。

在田野參與過程中，每每聽到年長的信眾分享自己從年輕徒步跟著六房媽過爐，展開一幅幅老舊甚至破損的香旗，無不讓人感染了那份虔誠與感動。追隨六房媽的人如是，成全信徒完成香路的人又何嘗不是如此？談起服務於紅壇的志工，我除了感謝，也漸漸分不清楚他們是爲了六房媽服務，又或者爲了成全這群信徒對六房媽的虔誠。香路上不分你我，需要幫忙的自有有緣人牽成，往往在我最需要協助的時刻，就獲得信眾不求回報的援手。

香路如此，因爲不同因素而遷徙、開枝散葉後的信眾更是如此。即使搬離了六房媽守護的五股範圍，卻也將這份可貴的信仰與情感帶到移居地繼續延續。許多移居到臺北的信徒依舊默默得到六房媽的保佑，等到外出打拚成功的時候，或修建宮壇，或塑立金身，又在一來一往之中擴大了六房媽信仰的威望，繼而推展了信仰影響的範圍，增加了更多非五股的信眾。

論文撰寫時承蒙指導教授陳文玲老師悉心指導，除了撰寫論文之

外，也發表會議與期刊論文。而後，在田野路上承蒙徐雨村老師的提攜，讓筆者得以在六房媽的研究上盡一份心力，分享自己在田野的觀察。隨著畢業、服役與求職，無法時時前往紅壇、各宮壇參拜，卻也幸運的因網路世界的無遠弗屆而能獲知六房媽信仰的新進展，更得以窺見各地六房媽信徒在網路的熱烈互動。一個由六房媽信仰為中心，從五股開展，而延伸至虛擬網路的人際網絡關係就此成形，想見未來香路將更加蓬勃。

　　本書的完成，定要感謝六房媽所有信徒的協助，還有感謝文化部文化資產局、雲林縣政府文化處、中華民國六房媽會，以及麗文文化事業編輯邱仕弘在成書的支持。著書寫作首要感謝徐雨村老師與林啟元委員的大力促成，唐淑芳老師百忙抽空襄助，以及諸位撰序的學者前輩，讓本書增加可看性，在此一併致謝。

黃漢偉

附錄一
六房媽相關研究報導索引

一、期刊論文

王駿原。2012。〈輪祀圈與聚落的對話──以雲林縣六房媽過爐聚落為例〉。《區域與社會發展研究》3 期，頁 269-293。

徐雨村。1996。〈宗族與宗教組織原則的轉換與並存──以雲林六房天上聖母的祭祀組織為例〉。《思與言》，34 卷 2 期，頁 175-198。

徐雨村。1997。〈雲林縣六房天上聖母的祭祀組織〉。《臺灣文獻》48 卷 1 期，頁 97-139。

陳煜凱。1998。〈民俗采風──六房媽祖過爐〉。《農訓雜誌》15 卷 11 期，頁 24-25。

黃漢偉。2014。〈信仰、記憶與建構：談六房媽過爐〉。《民俗曲藝》186 期，頁 59-101。

二、學位論文

徐雨村。1993。《宗教組織的同心圓架構──以雲林縣六房天上聖母的祭祀組織為例》。國立台灣大學人類學系學士論文。

周益民。2000。《大林鎮宗教變遷的社會史分析》。南華大學亞洲太平洋研究所碩士論文。

周揚珊。2008。《六房媽過爐民俗之研究》。雲林科技大學文化資產維護系碩士班碩士論文。

黃漢偉。2012。《六房媽信仰之變遷研究──以臺北分靈宮壇為例》。國立政治大學民族研究所碩士論文。

唐淑芳。2013。《雲林地區六房媽信仰的社會文化分析》。國立臺北教育大學臺灣文化研究所碩士論文。

三、會議論文

徐雨村。2015。〈流動的民俗節慶與文化資產建構：以雲林縣六房天上聖母過爐為
　　　例〉。臺灣人類學與民族學學會2015年會「多重地景的人類學」研討會宣讀論
　　　文。2015/10/3-4，臺北：國立政治大學。
黃漢偉。2011。〈臺北地區六房媽宮壇的信仰變遷〉。「建國一百年宗教回顧與展望」國
　　　際學術研討會。

四、技術報告

徐雨村。2015。《雲林縣民俗及有關文物「雲林六房媽過爐」調查研究案成果報告
　　　書》。雲林縣政府文化處。

五、微縮資料

〈繹思堂錄金帳（林氏）附「乙卯年二月十五日祭祖簿」暨「迎請六房天上聖母有關事
　　　項彙編」〉。日期不詳，國家圖書館藏，藏品編號：m00512936，微卷光碟版。

附錄二　光復後歷任六房媽爐主一覽表

年分	股別	庄頭名	爐主名	年分	股別	庄頭名	爐主名
35	五間厝	五間厝	林水泉				
36	大北勢	大北勢	林協	71	大北勢	大北勢	石安靜
37	過溪	過溪子	周連科	72	過溪	下竹圍	周番江
38	斗南	斗南	林鹽	73	斗南	將軍崙	林富雄
39	土庫	過港	林昭賢	74	土庫	竹腳寮	鄭贊賀
40	五間厝	五間厝	張江添	75	五間厝	二重溝	張國村
41	大北勢	大北勢	林火炎	76	大北勢	大北勢	高炎同
42	過溪	惠來厝頂庄	周啟南	77	過溪	崁仔腳	邵春良
43	斗南	烏瓦磘	曾萬里	78	斗南	斗南	張金坤
44	土庫	竹腳寮	林者聯	79	土庫	土庫	郭建太
45	五間厝	下埤頭	劉興善	80	五間厝	下埤頭	張英一
46	大北勢	林仔頭	林萬宗	81	大北勢	大北勢	石清爐
47	過溪	三塊厝	康德松	82	過溪	大路墘	林振茂
48	斗南	崙仔寮	宋嘮	83	斗南	新厝寮	陳張忍
49	土庫	土庫	謝萬宗	84	土庫	過港	鄭瑞雄
50	五間厝	五間厝	張尚	85	五間厝	五間厝	吳陳純
51	大北勢	保長廊	李振龍	86	大北勢	保長廊	張保吉
52	過溪	溪埔廊	周文東	87	過溪	三塊厝	陳永福
53	斗南	將軍崙	陳寬永	88	斗南	烏瓦磘	曾益發
54	土庫	過港	張丕義	89	土庫	竹腳寮	林麗昆
55	五間厝	五間厝	陳歹	90	五間厝	中埤仔	蔡幸男
56	大北勢	大北勢	李大海	91	大北勢	林仔頭	石基進
57	過溪	頂竹圍	陳新賀	92	過溪	汕尾	林招
58	斗南	新厝寮	陳恭賀	93	斗南	崙仔	盧三喜
59	土庫	竹腳寮	林萬定	94	土庫	土庫	邱昆柱
60	五間厝	中埤仔	黃爐	95	五間厝	紅瓦磘	黃淑芬
61	大北勢	大北勢	林時毅	96	大北勢	大北勢	楊財中
62	過溪	惠來厝下庄	周文楷	97	過溪	半路店	林春年
63	斗南	新厝仔	鍾茂林	98	斗南	將軍崙	陳錦雲
64	土庫	土庫	廖桑田	99	土庫	過港	陳建彰
65	五間厝	紅瓦磘	沈清文	100	五間厝	頂埤頭	徐文欽
66	大北勢	保長廊	張啟東	101	大北勢	大北勢	宋切
67	過溪	大庄	黃保護	102	過溪	惠來厝頂庄	林也合
68	斗南	崙仔	蒲忠（葉德發）	103	斗南	斗南	沈武榮
69	土庫	過港	郭疊	104	土庫	竹腳寮	林文三
70	五間厝	頂埤頭	徐定洲	105	五間厝	二重溝	沈志

資料來源：35-81 年部分由魏景宏、張丕麟與林富雄提供，原刊於徐雨村 1997；六房天上聖母爐主手冊；103-104 年研究補充。

附錄三
六房天上聖母頌

林庚申　作

九牧六房林家女	忠孝仁慈女聖人	玉封天后應化身	救世慈悲下凡塵
天上聖母帝敕封	印童劍童玉女伴	二將輔佐傳聖道	
姑婆慈悲施恩澤	渡海先民同宗親	祈求聖母蔭子孫	林宗敬奉姑婆祖
春耕收成宗親聚	林宗子孫丰丰輪	祈求聖母如願揚	
三綱五常三從訓	五倫八德四德備	行善聖母心歡喜	爲惡聖母難保汝
衆人欽仰恭奉祀	保鄉里傳千萬世	顯聖跡流傳萬世	
三百多年代代承	聖母過爐祈平安	文武藝陣旗邊境	宴客各戶分旗腳
人和地靈迎聖母	保佑莊稼糧豐收	佈施雨露育萬物	
五股四十二部落	六房姑婆佑庄頭	顯化救渡有緣人	普救生靈現盛世
救苦救難濟危急	慈悲救苦百善行	聖母救世慈恩澤	
聖母萬年香火靈	修功積德勸世人	天恩地德成聖道	聖杯籤詩度迷津
感應弟子如願求	爲善人天降百福	聖母救苦發慈悲	

附錄四
以 GPS 搜集六房媽過爐遶境路線的實益與應用
顏守韓

在臺灣宗教民俗文化鑼鼓喧天、熱鬧非凡的祭典活動當中，常見的遶境活動目的在於恭迎神祇出巡轄境，以祈安賜福、護佑百姓。六房媽過爐涵蓋雲林縣五大鄉鎮，範圍遍及五股的三十餘座庄頭，是雲林縣的宗教文化盛事之一。每年度更迭不同區域的遶境範圍及路線規劃，皆由當年度輪值股新任爐主團隊統籌，並經小爐會、大爐會與各股代表協商討論而成。每年遶境路線的規劃及涵蓋領域，實質代表著六房媽信仰圈的延續與變動。

自99年以來，筆者運用衛星定位系統（簡稱 GPS）搜集歷年六房媽過爐遶境路線，希望有助於觀察並掌握六房媽信仰圈的擴增與變化，成為未來探討六房媽歷史脈絡變遷的重要依據。在此簡述傳統路線圖跟 GPS 定位資料的實益比較、GPS 遶境路線地圖的加值應用，供大眾參考。

一、傳統紙本路線圖與GPS接收定位的資料取得方式比較

每逢六房媽過爐前夕，輪值股新爐主籌備過爐的大小事項之際，其中安排規劃遶境路線事宜成為需要整合多方意見的艱辛任務。

昔日爐主必須彙整該股六房媽會人員、村里長、地方各界士紳與民意代表的意見，共同籌劃遶境路徑再繪製成紙本路線圖，進而協請

印刷廠商進行美編重繪成公告使用版的過爐遶境路線圖。因此，傳統紙本路線圖會有以下的缺失：

1. 無任何座標定位系統的依據：傳統紙本路線圖並未考量採用任何座標系統，因而無法應用在精準校正或定位於標準地圖上。

2. 美編後的紙本路線圖會與實地狀況有所差異：紙本路線圖為了公告及宣傳、推廣等用途起見，採取視覺化的美工設計與修繪，成為較平易近人的圖資，但可能造成局部區域跟實際地貌有所落差。

3. 遶境範圍過大無法於紙本圖上窺其全貌：若輪值股遶境範圍較大，其路線圖就無法以單張呈現，勢必以分頁方式表示，閱覽時必須翻頁觀看，而造成各分頁路線圖之間的不連貫，難以窺探全貌。

4. 路線圖與實際遶境路線有所落差：六房媽過爐遶境路徑會依據當日情況進行調整修改，因此實際遶境路徑或多或少會與預先規劃的遶境路線圖不符。

5. 格式不一難以統整歷年的遶境路線圖：每年度新爐主在路線設計及規劃作法，都會依其獨特作風並配合地方特色，而造就不同風格性質的路線圖。比較歷年的遶境路線圖，不難見到各式各樣的版型及格式，簡約、複雜、華麗程度不一，不易迅速掌握歷年過爐遶境路線的全貌。

考量上述五項因素，傳統紙本遶境路線圖難以符合實際狀況，只

能做為參考之用。因此，筆者採用 GPS 來改善相關圖資收集與遶境路
線規畫。透過 GPS 儀器安置於六房媽神轎上，並提供完備的電力供
應，精準接收衛星定位訊號並記錄遶境路線軌跡，能夠詳實紀錄實際
路線。再經過 GIS 軟體的後製及編程，可匯集、統合與呈現精準的定
位座標系統，以完整搜集歷年遶境路線的資訊。藉此可精確計算每次
過爐遶境路線的里程數，彌補傳統紙本路線圖的缺失。

二、GPS搜集遶境路線地圖的加值應用

　　透過 GPS 搜集所取得的遶境路線定位資訊，可由軟體進行編輯
與後製，標記當日行經的地方性公廟、公壇等寺廟定位點分布，及各
股當地的具明顯地標點位置，並依據不同特性套疊不同底圖的影像圖
資，分類繪製成單一年度的六房媽過爐遶境路線圖（參閱第二章），並
進而整合為完整、全幅可視化的歷年路線圖（如下圖）。

六房媽即時定位系統（網路版）

在延伸加值應用方面，可在現有資訊系統上利用 Google 地圖平台的系統開發，將歷年六房媽過爐遶境路線資料放置在網路系統平台上，供大眾透過網路平台閱覽、查詢，並在系統上套疊不同的影像圖層，以資參照及比對昔日與現今的地圖。

六房媽過爐遶境當天均吸引十餘萬信眾及香客參與，但許多人常為了就近祭拜六房媽或臨時想要參與過爐遶境，卻無法確定六房媽究竟遶境到何處。雖有紙本路線圖可供參考並預測行經位置，但因遶境的既定行程難免發生延誤，而導致信眾香客們苦苦等候。

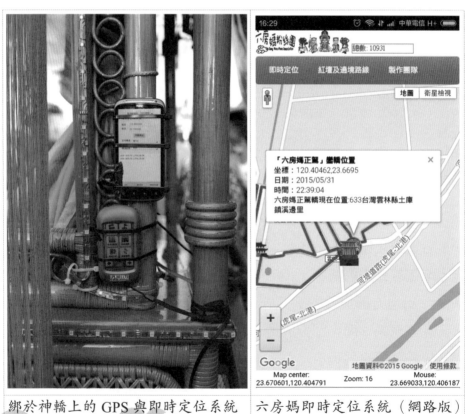

| 綁於神轎上的 GPS 與即時定位系統 | 六房媽即時定位系統（網路版） |

　　為服務更廣大的信徒香客，開發網頁式即時定位系統。目前設計了即時定位系統的 APP，信徒香客們只要透過電腦或行動裝置連接網路，就能即時掌握遶境陣頭隊伍及神轎位置，從而解決遍尋不著六房媽所在位置的困擾。

　　將這項服務落實於實務應用，能協助紅壇志工人員確認遶境隊伍人員所在位置，即時發放午餐便當並提供所需協助。並可協助交管志工人員即時確認遶境隊伍位置，提前趕赴下個路線交會點或阻塞點，進行交管措施。

三、結語

　　採用 GPS 科技所產生的六房媽過爐遶境路線資訊，除了能即時服務社會大眾及信徒香客外，更能透過有系統的網路資訊系統展示，快速推廣宗教與科技結合的成果。並產生具影響力的實質回饋，運用服務機制所帶來的加值與應用效益。

　　就宗教文史信仰研究與人文關係的發展，深層剖析內容及觀察每年度各股遶境路線的分布，除了代表六房媽信仰圈的分布，若能累積歷年來遶線路線的資料，探究路線及區域範圍的增長或萎縮的原因，不難看出地方開發建設與人口遷入所產生的具體影響，或是其中隱含的地方派系、廟宇鬥爭或地方人士為政治考量而介入路線規畫的結果。以長遠歷史的角度來看，地方人文發展與宗教信仰變遷確實存在著緊密的關係，也有必要重視運用科技來從事文史記錄研究。

| APP 網頁版 QR Code | APP 行動裝置 QR Code |

103 年過爐遶境，六房媽正駕鑾轎行經綠油油的稻田（吳明福攝 2014/5/10）

參考書目

一、古籍

片岡巖。1922。《臺灣風俗誌》三。臺北：南天。

相良吉哉。2002 [1930]。《臺南州祠廟名鑑》。臺北縣：大通。

倪贊元纂輯。2011[1894]。《雲林采訪冊》。臺南：國立臺灣歷史博物館。

伊能嘉矩。1991[1928]。臺灣省文獻委員會編譯。《臺灣文化志》（中譯本）。臺中：臺灣省文獻委員會。

周鍾瑄主修，詹惟能點校。2005。《諸羅縣志》。臺北：行政院文建會、遠流。

郁永河。1959。《裨海紀遊》。臺北：臺灣銀行經濟研究室，臺灣文獻叢刊第44種。

陳國瑛。1984。《臺灣采訪冊》。臺北：大通書局。

二、專書、期刊論文

林美容，1980，〈彰化媽祖的信仰圈〉。《中央研究院民族學研究所集刊》68：41-104。

——。1999。〈臺灣區域性祭典組織的社會空間與文化意涵〉。刊於徐正光、林美容編，《人類學在臺灣的發展——經驗研究篇》，頁69-88。臺北：中研院民族所。

邱彥貴。2005。〈新街三山國王與五十三庄：管窺北港溪流域中游的一個福佬客信仰組織〉。《臺灣宗教研究》3(2)：1-56。

吳密察。2008。〈民俗臺灣發刊的時代背景及其性質〉。刊於《帝國裡的「地方文化」——皇民化時期臺灣文化狀況》，吳密察等著，臺北市：播種者出版。

周揚珊。2008。《六房媽過爐民俗之研究》。雲林科技大學文化資產維護系碩士論文。

胡萬川、陳益源編。1999。《雲林縣民間文學集6 ——閩南語故事集（三）》，頁028-031。雲林縣斗六市：雲林文化。

莊孔韶。2009。《行旅悟道：人類學的思路與表現實踐》。北京：北京大學出版社。

徐雨村。1993。《宗教組織的同心圓架構——以雲林縣六房天上聖母的祭祀組織為例》。國立臺灣大學人類學系學士論文。

——。1996。〈宗族與宗教組織原則的轉換與並存：以雲林縣六房天上聖母的祭祀組織

為例〉。《思與言》34(2)：175-198。

──。1997。〈雲林縣六房天上聖母的祭祀組織〉。《臺灣文獻》48(1)：97-139。

──。2015。《雲林縣民俗及有關文物「雲林六房媽過爐」調查研究案成果報告書》。雲林縣政府文化處。

徐泓。1983。《清代臺灣天然災害史料彙編》。臺北：國家科學委員會防災科技研究報告72-01號。

唐淑芳。2013。《雲林地區六房媽信仰的社會文化分析》。國立臺北教育大學臺灣文化研究所碩士論文。

連橫。1979。《臺灣通史》。臺北：眾文。

陳至德。2005。《清代雲林地區漢人社會的發展》。國立中正大學歷史研究所碩士論文。

陳國川。2002。《清代雲林地區的農業墾殖與活動形式》。國立臺灣師範大學地理學系碩士論文。

陳欽育。2006。〈荷據時代華武瀧（Favorlang）社及其遷徙消失原因的探討〉。《大同大學通識教育年報》5：25-50。

陳鴻圖。1996。《水利開發與清代嘉南平原的發展》。臺北縣：國史館。

──。2009。《嘉南平原水利事業的變遷》。臺南：臺南縣政府。

張珣、江燦騰編。2001。《當代臺灣本土宗教研究導論》。臺北：南天書局。

曾萬本。2012。《雲林廟神誌》。斗六：雲林縣政府文化處。

黃漢偉。2012。《六房媽信仰之變遷研究──以臺北分靈宮壇為例》。國立政治大學民族學系碩士論文。

──。2014。〈信仰、記憶與建構：談六房媽過爐〉。《民俗曲藝》186：59-101。

黃蘭櫻總編輯。1995。《雲林縣寺廟文化專輯》（上）（下）。斗六：雲林縣政府。

富田芳郎原著，陳惠卿譯。1933。〈臺灣的農村聚落型態〉。《臺灣地學記事》4：2，頁11-14。

雲林縣政府主編。1997。《雲林縣發展史（上）》。雲林：雲林縣政府。

新遠東出版社林氏族譜編輯委員會。1957。《林氏族譜》。臺中市：新遠東出版社。

鄭梓。1997。〈史略與沿革〉。《雲林縣發展史（上）》。雲林：雲林縣政府。

臺灣史料集成編輯委員會編，周鍾瑄著。2005。《諸羅縣志》。臺北：行政院文建會、遠流。

臨時臺灣土地調查局。1905。《臺灣土地慣行一斑》。臺北：南天。

藍鼎元編。1984。〈東征集〉。《平臺紀事本末》。臺灣文獻史料叢刊第七輯，臺北：大通書局。

謝宗榮。2003。《臺灣傳統宗教文化》。臺中：晨星。

三、報紙

王建訓。1998。〈六房媽過爐 所到處萬人空巷〉。中國時報，16 版，5 月 8 日。
地方訊。2011。〈日法師訪順天宮 尋父親身影〉。人間福報，9 版，1 月 19 日。
許素惠。2010。〈60 年前老履歷 助日僧後代尋根〉。中國時報，A8 版，3 月 7 日。
徐雨村。1994。〈雲林縣特別的六房媽信仰傳奇〉。中國時報，34 版，5 月 20 日。
趙容萱。2011。〈全省六房媽祖 烏日遶境祈福〉。聯合報，B1 大臺中版，10 月 10 日。
蔡水星。1999。〈斗南六房媽遶境 交通癱瘓〉。中國時報，20 版，5 月 25 日。
謝進盛。2003。〈六房媽祖遶境 信徒祈求抗煞〉。聯合報，B2 版，5 月 16 日。
莊亞築。2008。〈符咒沉入水 死屍浮上來〉。聯合報，A11 版，3 月 19 日。

四、網站資訊

國立臺灣博物館地圖臺灣，《康熙臺灣輿圖》；網址 http://formosa.ntm.gov.tw/maps/
　　　page01.html 。
國立臺灣大學，《臺灣歷史數位圖書館》；網址 http://thdl.ntu.edu.tw/index.htm 。

五、田野資料（未出版）

土庫順天宮管理委員會。2006。〈土庫順天宮沿革史略〉。
中華民國六房媽會。2007。〈中華民國六房媽會章程〉。
──。2012。〈六房隨香──六房媽宗教民俗與文化論壇〉會議手冊。
六房天上聖母祭祀管理委員會。2006。〈六房媽誌〉。
──。2007。〈六房媽誌〉。
松山南天宮。1992。《六房天上聖母史蹟》。
陳興洲。1997。〈過港六房天上聖母之由來〉，手稿。
──。1997。〈偉哉 六房天上聖母〉。

不著撰者。1964。〈六房天上聖母寶像之歷史及靈感〉。陳寬永印。
—— 2006。〈六房天上聖母史蹟〉。
—— 2009。〈六房天上聖母醒世語〉。

影像授權

　　本書所使用圖片，均已取得原拍攝者授權，謹此致謝。拍攝者名字及拍攝日期大多已標註於各圖片正下方，為版面設計起見而未於當頁列出者，茲臚列如下：

目錄第一頁：左圖林進富，中圖顏守韓，右圖劉家豪。
目錄第二頁：左圖高建中，中圖李松茂，右圖林建富。
目錄第三頁：左圖李松茂，中圖林啓任，右圖江紹銘。
以上各圖拍攝時間為2006-2014年間。

第一章封面，康熙輿圖中之雲林番社分布圖，國立臺灣博物館提供。
第二章封面，六房媽正駕正面照，陳興洲提供。
第三章封面，103年過爐斗南股爐主沈武榮手捧萬年香爐進入臨時紅壇。劉家豪攝，
　　2014/5/10。
　　　77頁，四大將照片，蘇坤福提供。
第四章封面，103年過爐六房媽鑾轎抵達臨時紅壇。劉家豪攝，2014/5/10。
第五章封面，104年過爐遶境隊伍中的順化堂香擔，徐雨村攝，2015/5/31。
第六章封面，雲林縣政府指定古蹟土庫順天宮，羅偉嘉攝。
第六章各照片拍攝者如下（拍攝日期2014-2015年間）：
　　羅偉嘉159，166，167，168，170右，172，174，175右，177上，177下左，179，
　　　181右，182，185，187，188，190，191，193，195上右，197，198，200，205
　　　上左，210，212。
　　徐雨村170左，171，175左，177下右，181左，184左，195左，205上左，207
　　　左。
　　林啓元180左
　　周厚谷205上右

英文提要
Summary
See You at the Guolu Celebration (Annual Rotation) of Liu Fang Ma in Yunlin

Hsu Yu-tsuen[1]

Six Clan-branches' Heavenly Holy Mother (六 房 天 上 聖 母 , Liu Fang Tien Shang Sheng Mu) , or "Liu Fang Ma" (六房媽 *làk-pang-má*[2]) for short, is a famous deity in Yunlin County (雲林縣). Liu Fang Ma is not housed in a temple but in a red altar (紅 壇 *âng-tuânn*) prepared and maintained by a keeper of the incense urn "luzhu" (爐　主 *lôo-tsú*) who represents his/her village for one year. The yearly "handover" celebration is called "Guolu" (過爐 *kuè-lôo*). Each luzhu is divinely chosen by tossing jiaobei (筊杯 *puah pue*) blocks under the supervision of Liu Fang Ma. Dwellers in the thirty-four villages in the five townships of Yunlin County － Duoliu (斗六) , Dounan (斗南) , Dapi (大埤) , Tuku (土庫) and Huwei (虎尾) － are eligible. However, one can only compete for luzhu when his/her village is on duty in the next year.

These villages are further grouped under five shares "wugu" (五股 *gōo-*

---

[1]　Ph D in cultural anthropology, University of Alberta, one of the co-authors of the book. E-mail: murakimo@yahoo.com.tw

[2]　The local language Holo spelling is marked in italics. Source: Taiwanese Holo Usage Dictionary, Ministry of Education (http://twblg.dict.edu.tw/holodict_new/index.html).

kóo) － Dounan Gu（斗南股）, Tuku Gu（土庫股）, Wujiancuo Gu（五間厝股）, Dabeishi Gu（大北勢股） and Guoxi Gu（過溪股）. These shares take turns housing Liu Fang Ma; thus a five-year cycle is stipulated. Every share negotiates the internal rotation sequence among its member villages. Besides, these shares are not of the same size; the number of member villages in each share ranges from three to fourteen. The frequency a villager can run for luzhu varies from five times in forty years, once every fifteen years, to once every eighty years; depending on which village he/she lives in.

Ideally, the Guolu celebration must be completed within one day. The date was divinely chosen by Liu Fang Ma from the 10th to 16th of the fourth lunar month. The arrangement worked when most of the participants were farmers. Now the date is limited to a Saturday or Sunday in the same period now that believers' vocations are highly diversified. Tens of thousands of people － believers, local martial artists, sojourners and pilgrimage groups － join the Guolu celebration every year and make it one of the largest religious festivals in Yunlin.

Researching Liu Fang Ma and the Guolu celebration is not easy. Archive materials were poorly preserved. Fortunately, the contributors to the book started their research since 1992; their theses and essays facilitate our understanding of Liu Fang Ma.

In 2013, Yunlin Liu Fang Ma Guolu（雲林六房媽過爐） was enlisted as an intangible cultural heritage of Yunlin County. The Cultural Affairs Department of the Yunlin County Government（雲林縣政府文化處）

entrusted a basic survey project to Hsu Yu-tsuen（徐雨村）in 2014.[3] The Bureau of Cultural Heritage of the Ministry of Culture（文化部文化資產局）offered funding in 2015 to the appointed association for heritage conservation, the ROC Liu Fang Ma Association（中華民國六房媽會）. The association invited Hsu Yu-tsuen, Tang Shu Fang（唐淑芳）, Lin Chi-yuan（林啓元）and Huang Han-wei（黃漢偉）to collectively write a comprehensive guide to the Liu Fang Ma belief and the Guolu celebration. Now this book is largely based on the final report of the 2014 project, with sections of theses or supplemental materials by co-authors.

In Chapter One is a human-geographical review of Yunlin County from the late Ming dynasty to the end of Japanese ruling period, with a focus on the hydraulic projects that attracted Han settlers.

Chapter Two "An Introduction to the Belief in Liu Fang Ma" reviews archival materials, legends of origin, changes of worship sphere, coordinating organizations, the five shares, as well as extra-five-share organizations, temples and altars that participate in the worship. Archival materials from the Qing are not extant; the earliest archives were published during the Japanese ruling period, including short descriptions in general introductory books on Taiwan folk religion or in newspaper articles. A legend from 1981 has it that Liu Fang Ma was a sister of six Lin brothers who moved to Taiwan during the transition from the Ming to the Qing. Her name was Lin

---

[3] Hsu Yu-tsuen was a non-tenure assistant professor in the Institute of Hakka Studies at the National Kaohsiung Normal University when he took on the project. It had been completed in August 2015.

Meiyun（林美雲）and her spirit was promoted to the status of Heavenly Holy Mother. Six brothers went to six locations to form their specific clan-branches in what is now Yunlin. They maintained a custom of rotating Liu Fang Ma year by year. One of the locations suffered a flood in the late Qing, and the clan-branch relocated to the villages of Gukeng（古坑）and Dalin（大林）. The branch ceased to be a share in the rotating Liu Fang Ma.

Although the legend is widespread, disagreements exist. Some Lin clan members propose a narrative in 2012 claiming that Liu Fang Ma is actually Meizhou Heavenly Holy Mother, a legendary figure called Lin Mo（林默）. The reason why Liu Fang Ma is prefixed "six clan-branches" is that Lin Mo belonged to the sixth branch of nine brothers（九牧六房）in the eightieth generation of a Lin clan in the Tang dynasty. Lin Mo was born at the beginning of the Song dynasty (circa 960 AD) as a female member of the eighty-sixth generation of the clan. No matter whether these various legends are accepted or not, all these legends conform to a long tradition in Han culture that an un-married sister could be promoted as a family god and even a public god.

Chapter Three "Statues and Luzhus" introduces all the Liu Fang Ma statues and the divine selection, job description and transition of Liu Fang Ma luzhus. The statues are ranked by their ages of creation. The proper statue "zhengjia"（正駕 *tsiànn-kà*）or the Old Grandmother（老媽）enjoys a legendary old age of over 360 years, thus it occupies the paramount status. The statue travels by the request of temples or individuals hundreds of times every year. Temples always invite Liu Fang Ma as an honored guest to their festivals. Individuals may request Liu Fang Ma to expel malevolent spirits or cure illnesses in their families. Due to visible damage to the statue, local people do all they can to reduce its workload. Six subsidiary statues "fujia" (副駕 *hù-kà*) were engraved in 1982 and 1992 to meet growing demand. As a consequence, the one created in 1982 is called as Senior Subsidiary Statue "laofujia" (老副駕 , *láu-hù-kà*). Her magical potency is considered higher than the remaining five ones created in 1992.

The duty of a Liu Fang Ma luzhu is very heavy; therefore, the selection takes place at 14 months before he/she formally takes on the responsibility. The newly selected quasi-luzhu can participate in a Guolu and proceed to prepare for the Guolu in the next year. The preparation includes constructing a new red altar, mobilizing workers and volunteers, and planning the parade route of Liu Fang Ma in the new on-duty share "lunzhigu" (輪值股 *lûn-tít-kóo*) on the Guolu day.

Chapter Four "the Guolu Ritual and the Reserved Day" discusses two major rituals of Liu Fang Ma worship. The Guolu in the middle of the fourth lunar month is the most important ritual for believers. In a narrow sense, Guolu means a new luzhu takes over the statues and moves them to his red altar. In a broad sense, Guolu entails the participation of tens of thousands of people in the handover and the parade in the new on-duty share. Guolu always gets started at around five in the morning of the Guolu day. Members of the ROC Liu Fang Ma Association hold a group-worship, recite chants for the Guolu and oversee the handover of statues and sacred items. The parade begins at the old red altar at six or seven. It is completed when Liu Fang Ma arrives at the new red altar around ten or eleven in the evening.

Several special customs featured the Guolu parade. They are "danhua", "danden" and "xiangdan" (擔花 *tann-hue*, 擔燈 *tann-ting* and 香擔 *hiunn-tànn*; the burdening of floral baskets, lanterns, incense urns in pairs respectively with shoulder poles) as well as "qingqijiao" (請旗腳 *tshiánn-kî-kha*, the feasts for village troupes of non-on-duty shares under the leading flags). People perform "danhua", "danden" and "xiangdan" to express their requests or rewards for the merits offered by Liu Fang Ma. "Qingqijiao" is a representation of mutual responsibility among the five shares. Every village of the non-on-duty shares is obligated to send its own gods with sedan chairs and marshal its martial arts troupes to join the Guolu parade. When the village-based teams arrive at an appointed place or time, generally at 15:30, they are invited to enjoy a feast by villages in the on-duty share. In the past, the representatives of the host villages always guided the leading flags "tou qi" (頭旗 *thâu-kî*) of the guest villages to the feast. They placed these flags upright beside the tables. Even though both sides tend to contact each other by mobile phone now, they maintain the old usage.

Once the Guolu is completed, people return to their everyday life. However, they can invite Liu Fang Ma to their villages or altars as an honored guest. Some villages make it a routine annual matter. Therefore, a reserved day "gu ding zhi" (固定日 *kòo-tīng-lít*) is set. Fifty-one temples or altars are on the list of reserved days for 2014 to 2015.

Chapter Five "Legendary Stories and Change of the Belief" discuss several legendary stories widely circulated and recent changes to the ritual. We mention the original legends in Chapter Two, turn to legends related to Liu Fang Ma statue escaping from destruction during the late Japanese ruling period, her sedan chair passing a flooded stream during the Guolu in 1951, and many others. Although legendary stories are to leave for future consideration, they provide a foundation for the Liu Fang Ma belief.

Recent changes of the Guolu ritual are the growing participation of volunteers and extra-five-share organizations. The rigid boundary of five shares seems to be blurred as the involvement from the greater society increases.

In Chapter Six "Public Temples, Altars and Local Troupes", we survey the public temples, altars and local martial arts troupes of the thirty-four villages in the five shares. The description of every village includes the history or legend of the public gods, the festivals that Liu Fang Ma being invited to their villages and the organizations of the martial arts troupes.

To sum up, this book provides a general introduction to the Liu Fang Ma belief and the Guolu celebration. We co-authors appreciate all the long-standing assistance from the local people and the academic community. The co-authors firmly believe that plenty of interesting topics are awaiting exploration in the cultural complex of Liu Fang Ma. We look forward to more participation and research in the near future.